藉由蒐集各大媒體與雜誌期刊的新聞，做為與孩子討論的教材，兩年多來，累積了七、八十堂的「偉文講堂」。

期望從一次又一次的討論中，協助孩子的視野穿透混沌的雜訊和似是而非的論點，形成自己的價值判斷，而後做出有意義且有效的行動。

我不希望孩子真摯的理想與純真受挫後，變成憤世嫉俗的年輕人，也不願意孩子變成又功利又世俗、趨炎附勢的人；如何取得一個平衡點，也是我持續用社會新聞跟她們一起討論的原因。

現在家長的教養難題，已不是害怕孩子訊息不足，反而是如何協助他們培養不被媒體左右的心智能力。

當缺乏豐富的知識，尚未建立分析與判斷的能力，是沒有資格使用網路的。而能力的養成，必須先從一本一本完整的書籍閱讀開始。

孩子長大了，為人父母雖可卸下大部分的教養工作，
但在放手的同時，仍應陪伴他們一起思考：如何看待
這個世界，採取何種態度回應這個世界。

增進孩子對世界的理解力與知識力

看新聞學思考

李偉文
AB寶——著

目錄

第二部 孩子能正確理解，還是片面歪解？

第三部 向左走，向右走？你的判讀就是衛星導航

第四部　我們的生活，我們的未來

從艾倫迪波頓到李偉文

何榮幸
《天下雜誌》總主筆

地球的那一端，以《哲學的慰藉》等著作聞名的英倫才子艾倫．迪波頓，去年底出版《新聞的騷動：狄波頓的深入報導與慰藉》新作，大談各類新聞出了什麼問題，以及如何洞見新聞的本質。

地球的這一端，在環保運動掀起溫柔革命，近年則以親子作家著稱的李偉文，把他和兩個孩子的「假日餐桌對話」集結成《看新聞學思考》，讓讀者瞭解，他如何帶領孩子思考與解讀新聞。

從艾倫．迪波頓到李偉文，他們相隔如此遙遠，心裡所想與付諸實踐的卻是同一件事：媒體識讀。他們都不是用傳播院校的方法論來解讀新聞，但他們分析新聞的方式卻更可能深入人心。

讀者會發現，他們共同指向當前新聞的最核心問題：「破碎化」，並提出了相同的出路：重新將新聞「脈絡化」，說清楚重要新聞的來龍去脈，才能真正瞭解重要新聞的意義。

儘管如此，艾倫．迪波頓與李偉文的書寫方式卻完全不同。艾倫．迪波頓基本上是在跟知識分子、中產階級對話，字裡行間流露濃濃的菁英氣息；李偉文的努力方向則是「讓高中生也看得懂」，書中對話相當平易近人，任何家長都能引用各章節與孩子輕鬆交流。

我想，這是李偉文一以貫之「童子軍精神」的再次展現。

六年前，我在《中國時報》負責「我的小革命」專版時，曾與同事黃哲斌到三重牙醫診所專訪李偉文。

那次深度訪談，讓我瞭解眼前這位曾經擔任童軍團長，每週平均只看診二十三小時，卻花另外二十三小時擔任環保志工的非典型牙醫，如何拒絕高薪挖角誘惑，堅持「錢夠用就好」，然後用童子軍的服務精神實現成人的夢想，努力創建一支生態志工大軍。

那時候，李偉文剛出版《傾聽自己的鼓聲》，與讀者分享他的人生上半場經歷。但他的兩個女兒還小，還沒辦法跟父親針對公共政策進行討論。而積鬱壓抑的台灣年輕世代，也還未集體發出怒吼。

如今，李偉文的兩個女兒已經上大學，正是人生最好奇與最疑惑的時刻。台灣年輕世代則繼一九九〇年野百合學運之後，在去年三月的太陽花學運中勇敢發聲。李偉文把攸關世代正義、土地正義、居住正義的各項公共議題帶進家庭，至今已有七十多堂「假日餐桌課程」，足見其陪伴孩子成長、引導孩子關懷社會的用心。

而翻開本書各章，讀者更可清楚看見，儘管網路時代資訊爆炸，民眾卻未必能夠全面掌握重要議題的面貌，家庭中的媒體識讀教育因而更形重要。

面對媒體亂象，主流媒體的收視率掛帥、新聞破碎化當然難辭其咎，追求點擊數、缺乏查證但影響力驚人的網路訊息，其負面效應同樣不容小覷。在這種情勢下，父母於生活中協助孩子培養獨立思考能力，其角色其實比以往更加關鍵。

當然，家庭媒體識讀教育也應避免，父母以由上而下的權威，將自身價值觀強加於孩子身上，導致孩子帶著同樣的偏見看待世界。就此而言，李偉文雖對孩子明確傳達了環保優先、反對全球化等既定價值，卻是以討論、對話的民主方式進行，而且不提出「標準答案」，相信孩子的自由心靈終會找到出路。

畢竟，從牙醫師、荒野保護協會理事長到作家，無論李偉文從事什麼工作，無論是在診所或是家庭，他的內心深處，應該都還是那個樂於助人、好交朋友、喜歡討論、勇於行動、強調平等分享的童子軍大男孩。

家長必須面對的自力救濟

李偉文

當我的雙胞胎女兒AB寶上了中學之後，我就一直想寫這樣的一本書，因為我相信我的困惑與疑慮，也會是其他家長的擔心。

擔心的原因一方面是孩子進入了青春期，開始社會化，建立他們自己的價值觀，而另一方面我們也知道，父母往往只能照顧他們的食衣住行基本生活所需，但是孩子透過網路看了哪些東西？交了什麼朋友？同儕在社群裡流轉的訊息是否偏激或極端？我們無從得知也無法掌握。

當大人不跟孩子討論這些社會議題，他們就只能從網路上抓取一鱗半爪的資訊，就如同許多教授傳播學的學者的憂慮，在討論公共事務時，網路鄉民特別「酸」，習慣斷章取義，惡意扭曲，甚至竄改資料，隨口亂罵，而愈極端的言論愈容易引起注意與傳播，於是在追求按「讚」與關注的社群中，往往就只剩下偏頗與誇張的意見表達。

因此，這幾年我被迫地「浪費」我許多寶貴的時間，蒐集各大媒體與雜誌期刊的新聞，做為與孩子討論的教材，希望能夠協助孩子的視野穿透混沌的雜訊和似是而非的論點，建立自己的觀點。

我與AB寶除了每天吃飯閒聊、散步親子時間的談論之外，還正正式式上了七、八十堂「偉文講堂」（這是孩子主動攝影留存紀錄時所取的名字），背景知識的講解或提供更多資訊，並不是我的主要目的；我希望能夠從一次又一次的討論中，協助她們形成自己的價值判斷，而後做出有意義且有效的行動。

我總是認為，公民教育的前提是品格教育，必須先有關懷社會的心意，然後輔以知識，也就是對議題認識的深度，再來是思考與論辯的能力，最後是願意付出行動的實踐能力。

這本書只是我對自己孩子進行公民教育的初步努力，不過既然已花了許多時間，就秉持著拋磚引玉的心情與其他家長分享。限於篇幅的關係，這幾十個議題只是我們家討論過數百個題目的一小部分，敘述方式也限於閱讀的方便性，無法將我們平常會正反思辨、質疑討論的過程一一呈現；甚至我的論點你或許不同意，或者我所獲得的資訊來源不盡正確，這些缺漏，也只能請大家多多包涵。

同時，我也要慎重地強調，文章裡的看法只是我引導孩子思考的題材，我不認為我的意見就是真相。其實大部分的時候，我相信這些社會議題如同我們的真實人生，並沒有所謂的真相或絕對的真理，我們只能謙虛地要求自己要有向真相靠近的誠懇。

親愛的偉文講堂

A寶 李欣澄

很多人以為我和妹妹是虛構人物，尤其是我們的小名A寶、B寶（源於英文名Alfa、Beta）像極了耳熟能詳的小明與老王，而當知道我們「活生生」地存在時，不免滿腹懷疑地問我們：「書中的對話是真實的嗎？你們真的是這樣互動的嗎？」我還常被朋友虧：「哎呦，你在文章裡怎麼感覺聰明又溫柔，跟現實中差很多耶……」或是被以同情的眼光看待：「啊，你怎麼又被出賣了呢？」

我總會用「就像許多電影一樣，是Base on true story」的說法來回答他們。或許裡面有些對話沒有發生過，或許我們沒有那麼嚴肅，或許……，但是，書中討論的主題與場景，是真確存在過的。也許是被「出賣」久了，從一開始的排斥反抗、無感接受，到後來慢慢認同。說實話，這本書算是我被出賣得最「心甘情願」的一次了！

「我們只有在人生的前十八年左右窩在教室裡，後續的人生則是一再受到新聞媒體的教導。當正式教育結束後，新聞就接手成為我們的老師。」我非常喜歡這段話，對現代人來說，新聞是最具影響力的教育工具。但是，我們常常不知道要怎麼閱讀新聞？不知道新聞與我們何干？伊波拉對我們有什麼影響？蘇花高是怎麼一回事？

還記得在升學壓力最大的高二下學期和高三，老爸會利用週末時光，與我們討論各式議題。老爸開講，不亦樂乎，滔滔不絕，深入淺出，時而逼問我們的看法，時而因為我們的「無知」笑得東倒西歪。我們交流彼此如對服貿的想法，對各種議題的瞭解程度，聆聽對方不一樣的切入點，短短一個多小時，就像上了一堂課，因此，我們稱這段時光為「偉文講堂」。

進入大學後，我們就像在十字路口分道揚鑣，各有各的生活。家人齊聚的時間變少了，偉文講堂被迫停課。我們各自走在沿途風景壯麗新奇、五顏六色的學習道路上，處處是陌生的新事物。全球化的時代，打開電腦，連上網路，世界就在我們眼前。接觸的資訊更多了，好的媒體更多了，閱讀的新聞也更多了，我們很懷念「偉文講堂」。偉文講堂好比在學習道路上的「發呆亭」——在這裡，我們停下來，喝點水、吃些小點心，聊聊天、交流想法，充電再上路。輕鬆但不隨便，有趣但不失知識性，讓我多些基本常識，多些看事情不同的角度與觀點。

謝謝出版社的用心，讓「偉文講堂」以紙本的方式復課。謝謝老爸、老媽和傻妹，也謝謝正在閱讀的你，歡迎來到偉文講堂！

看「懂」新聞不懂的事

B寶　李欣恬

「你對這事件看法如何？什麼？你竟然不知道這則新聞？書白念了……」這是一個資訊爆炸的年代，也是我的知識堡壘被炸得體無完膚的年代。高中、大學不只課業多，通往巨人肩膀的路途只有愈來愈遠；而新聞太多，更是龐大無形的壓力，使我們近乎滅頂在紛紛擾擾、浩浩湯湯的口水泡沫中。

在一個講求「自我表達」的時代氛圍，當我們對一個議題「沒意見」，就是天大的不該；倘若根本不知道那個議題，那就「太恥辱」到不敢承認，只得趕緊抓取一兩個關鍵字，亂槍打鳥附和附和。

在學校的正常軌道裡，本來就不應只管鐵軌上的顛簸與驚奇，不該緊閉窗戶不管社會的脈動，因此，「新聞媒體」就是我們賴以為生的氣窗。但，隨便一個重大新聞，就值得專家學者研究好些日子，傾注大量時間亦步亦趨地跟著社會各種聲音與角度，是非人生活。在眾多雜訊裡，找到那關鍵的資訊，整合成知識與洞見，是需要經過練習的。

看新聞，重要的是看「懂」新聞，甚至是看「懂」新聞不懂的事。但，到底要如何

「看新聞、談新聞」，最後建立起一套自己的「價值觀」呢？總是新聞局外人的我，直到某個寒假選修「偉文講堂」，才開始愛上新聞議題，從新聞議題裡學習思辨。

「偉文講堂」上起來充滿刺激興奮，卻又令人挫敗打擊。一開始我與姊姊會先迅速讀完一篇新聞或社論，接著要在三分鐘及二十秒內，或概述，或假裝要把這則訊息傳達給小朋友般起個吸引人的引言，或縱橫比較、表達看法與評論。之後是講師開講，大砲猛轟，從起頭的小考驗下手切入，剖析各種議題。引導過程以問題與答辯，攻防來往，實在很精采又常常很爆笑（因為我們的滑稽與無知常常讓自己忍不住嘲笑自己），讓我們欲罷不能，從早餐一路到晚餐到宵夜。

新聞議題非常有趣，當我真正探究它，才悟到其中的精采引人之處。這本書不能以公民教科書般來讀，這本書只是眾多雜訊裡的一種觀點，一種看事情的方式與想法。容我們一起思辨與討論，或許每一次重看，都會在腦中打起辯論比賽，重現「偉文講堂」的美好時光。

為孩子的「媒體識讀素養」扎根

女兒上高中後，學校某些科目的老師會在課堂上提及一些新聞議題，有時候甚至要她們以雜誌的封面故事來做專題報告，於是她們逐漸關注起目前的社會話題，通常也會詢問一下我的看法。

也就在跟她們討論的過程中，發現她們理解議題與解讀新聞的能力很弱；同時也發現，老師雖然以這些時事為素材，但也沒有好好分析，不知道是時間不夠，還是本身缺乏相關的背景知識。

常常很感慨，現代人從早上起床到晚上睡覺為止，醒著的時間幾乎無時無刻不被無所不在的資訊包圍，從原先的電視、廣播，到如今的電腦網路、智慧型手機，現在家長的教養難題已不是害怕孩子訊息不足，反而是如何協助他們培養不被媒體左右的心智能力，並且在紛亂的資料當中，獲得真正有用的訊息。

這是個複雜的世界，幾乎所有的事情都沒有簡單或終極的解答，偏偏現今從網路到傳統媒體的報導，都朝向「輕薄短小」，不可避免的片斷化且零碎化。現代人已經沒有時間也沒有能力，去瞭解事情為什麼會這樣？前因後果是如何？對我們會有哪些影響？

於是從兩年前的春天開始，每個星期假日，我會利用早、午或晚餐的時間，正式為她們上課，進行我們家的「媒體識讀」教育。通常會以雜誌的專欄或專題報導，報紙的社論或專論影印為教材，含括一兩篇相關文章為一個主題，至少講解討論一個小時左右。

我通常會以馬錶測量她們看完一篇文章要花多久時間，然後要她們立刻複述文章的立論重點，或追索作者的寫作動機……等等。（能用自己的話清楚地講，才代表真正看懂。）接著，我會就文章所涵蓋的專有名詞與背景知識詳加說明，引導她們去思索：是什麼原因導致這個現象的發生？這些狀況又會如何影響我們的生活？如果事情不這麼發生，可以有哪些改變，必須做哪些努力？……

總之，我希望她們能把問題看得深一點，也希望從這些攸關每個人生活的事件裡，引起她們追求知識的動機。

經過這樣的訓練，後來在女兒上下學間隙翻閱每天報紙的短短時間裡，也會交換一下意見。（這與正式上課需要刻意挑好主題、影印教材是不一樣的。）

就像這本書裡所收錄的數十個議題，任何一個會引起社會普遍關注的新聞，一定含帶著社會當下集體的潛意識，或許是憂慮，或許是恐懼，都很值得父母陪著孩子進一步探索。

第一部

最熱關鍵字的關鍵解讀

01 還有什麼可以吃啊？

這篇新聞，可以讓孩子學到：

飲食自保之道——

食物來源盡量多樣化，

也盡量到不同的店家購買，

那麼即使免不了吃到添加物，

也是不同種類的毒素。

毒素的量如果不多，人體是有能力處理的。

但若量太多，加上長期的累積，

終究會對我們的身體產生各種功能障礙。

剛上大學的雙胞胎女兒看到媒體接連好幾個星期報導食品安全的新聞，許多賣場的食品都受波及，接連下架。姊姊A寶很煩惱：「我們現在都住宿舍，三餐必須在外面吃，究竟還能吃些什麼東西啊？」

妹妹B寶也回應：「感覺上這幾年沒幾個月就出現黑心商人，一次又一次，影響層面愈來愈大，到底是怎麼回事呢？」

在醫院當營養師的媽媽也嘆了口氣：「因為生活方式改變，外食人口愈來愈多，即使自己在家烹煮，為求方便，都是買已處理過的食品或即時食物。廠商為了大量生產及長途運送與保存的便利，勢必用許多化學物質處理過，又為了增添口感與美觀，加入許多添加物，這些東西長期累積在我們身體內，或許就是過敏症、慢性病與癌症的來源喔。」

B寶還是很不解：「最近幾次的食用油問題，怎麼會這麼離譜？難道檢驗不出來嗎？」

我提醒B寶：「前幾年奶粉裡加進三聚氰胺的事件，我不是就跟你們說過了，當我們懷疑食品中也許含有某種添加物時，可以去檢驗那樣食品究竟有或沒有添加，以及添加的數量有多少；但若我們不知道，或沒有懷疑到它是否添加了某種成分，就不會驗出來，因為不可能去查驗分析一個樣本裡面所有的成分。」

我停了一下，又繼續說：「比如油脂，平常只驗酸價、重金屬或黴菌、黃麴毒素等等特定幾個項目，於是黑心廠商就以回收的萬年回鍋油或更噁心的餿水油，經由過濾、脫酸、脫色、脫臭……等等方法，去除掉有害的水溶性物質，就可以順利過關，但是脂溶性的有毒物質是除不掉的。」

A寶追問：「所以那些黑心廠商出產的油，即使通過政府的檢驗，也是不安全的？」

媽媽搬出她的專業知識：「原本好的油經過反覆加熱就會質變，產生有害的聚合物及反式脂肪酸等等，這也是為什麼回鍋油不能用的原因。另外，食用油經過高溫煎炸，油會與食物的某些成分起反應而形成一些多環芳香烴、甚至戴奧辛等等，也會累積脂溶性的農藥。所以那些反覆使用的油，其實隱藏了許多目前我們不去檢驗的毒素。」

A寶一副想吐的樣子：「人吃給豬吃的餿水油，真噁心。」

但是，豬吃餿水就沒問題嗎？媽媽說：「其實豬或家禽家畜都不應該吃餿水製成的飼料。剛剛不是說過了嗎？那些脂溶性的毒物通常代謝不掉，會累積在體內，豬吃了也會累積在豬體內，我們再吃豬肉，還不是進了我們的身體？」

B寶點點頭：「記得爸爸說過某個研究報告，北極熊體內累積的戴奧辛是所有物種最高的，因為牠們吃大量的肉，那些脂溶性毒素在食物鏈中一層一層累積的緣故。這也是避免吃大型多年生的魚類，比如鮪魚的原因。」

重組肉比較好吃？

A寶想到媒體最近揭露的消息：「牛排店裡的肉有重組肉，到底什麼是重組肉啊？」

我回答說：「很多人以為上餐館吃到的一整塊牛肉，是來自牛的某個部位，其實並不是。那些重組肉是牛隻身上價錢較高的部位切出後，殘餘的碎肉打成肉泥，加入一些化學調味劑和膠著劑，再把那坨肉泥切成片，偽裝成完整的肉出售。」

B寶也覺得噁心：「這是合法的嗎？」

媽媽笑笑說：「就跟餿水油提煉後可以通過檢驗，組合肉當然也沒有問題。」

我補充道：「其實幾乎所有速食店漢堡裡夾的肉片，都是組合肉。假如哪一

Oil

家店非常有良心，捨得以高成本用真正的肉片當餡肉，也不會有人買，因為太難吃了，會又乾又硬，況且很難調理，無法快速大量製作。組合肉裡混了許多油脂，所以軟嫩滑口，又調入各式化學製劑，變得又香又鮮美，可是我們真的不知道，這一口咬下去，究竟吃進了什麼東西？」

A寶很慶幸：「幸好我們家不吃漢堡，也不吃牛排肉。」

我又嚇她們：「的確很多華人不吃牛肉，但是通常會吃雞。速食店裡賣的雞塊，或者超級市場裡整袋賣的雞塊，也是組合肉。除了雞的剩餘部位，也包括肉質太老的生蛋雞，連頭帶屁股，連皮帶骨頭，整隻絞碎變成肉泥後，再製成香甜軟嫩的雞塊。」

我看AB寶一副快昏倒的樣子，只好安慰她們：「這也是媽媽下班後，即使再忙再累，也盡量自己煮飯，不買外面現成東西的原因。」

B寶若有所悟：「這次調查問題油的流向，才發現原來有這麼多東西都必須用到油。」

我和媽媽同聲感慨。華人的飲食裡大量使用油，外面賣的食物很多都是油炸的，現成食品在製造過程中也添了很多油，而且是很有問題、極不健康的油。吃了好幾十年，難怪很多人臉圓圓、浮腫浮腫的，恐怕都是吃了太多爛油的關係。

吃真正的食物，來源多樣化

A寶有點害怕：「那麼我們在外面究竟能買什麼東西吃呢？」

媽媽也很無奈：「只能盡量吃真正的食物，不要吃太多現成的食品。不過，有些真正的食物也都是經過化學物質處理過的。」

B寶想起來：「媽媽以前做過實驗，將買來的麵包留一小塊擺著，看多少天才會發霉，結果大部分好久都不會發霉。後來我們買麵包機自己做麵包，發現有時候自己做的麵包也不會發霉，原來買來的麵粉已經被加料處理過了。唉，要找到真正天然無添加的食物，真的很不容易！」

我補充道：「另外有個簡單的原則，食物來源盡量多樣化，也盡量到不同的店家購買，那麼即使免不了吃到添加物，也是不同種類的毒素。」

A寶疑惑：「不都是毒素嗎？比較多的種類與一種大量，有差嗎？」

我笑笑說：「當然有差別囉，數量是很關鍵的。比如說，喝一小杯酒對健康有益，但若在短時間內喝下大量的酒，就會急性酒精中毒，就有生命危險。以前曾有一個大學女生與同學打賭，一下子灌入半瓶高粱酒，居然就中毒死掉了。好東西吃太多也會有問題，而毒藥的量若很少，也不會有立即的危害。希臘醫藥之神希波克拉底（Hippocrates）曾說，所有的藥物都是毒藥，毒藥也可以是藥物，關鍵就在於使用的劑量。其實毒素的量如果不多，人體是有能力處理的。但若量太多，加上長期的累積，終究會對我們的身體產生各種功能障礙。」

媽媽補充道：「外觀太漂亮，放久不會變質不會變色，口感太有彈性，味道太濃烈，還有太便宜的，這些恐怕都是有問題的。」

我也安慰AB寶：「相信經過這些事件，政府會針對源頭把關，訂定更嚴格的規範，你們只要依循早就知道的飲食安全常識去挑選食物就好了。」

AB寶相互看了一眼，很有默契地說：「平常吃少一點，假日回家再吃媽媽煮的菜，打牙祭。」

對話之後：

其實現代人都吃得太過量，若吃得少一點，也就值得我們認真挑選食物。可能的話，盡量去瞭解食物是怎樣生產來的，這也是現在政府積極推動的「生產履歷」。給孩子正確的飲食觀念，調整孩子的飲食習慣，是父母責無旁貸的責任。

這篇新聞，可以讓孩子學到：

面對選系或選校的十字路口——
如果很清楚自己的興趣趨向，
當然以選系為優先考量；
若是還不知道自己的熱情所在的話，
找一個學風鼎盛、
有許多優秀同學共同學習與成長的環境，
也是另一種考量。

你清楚自己的興趣嗎？

假日午後，A寶閒閒地看著前幾天的報紙報導，一邊唸著：「嚴長壽先生在宜蘭縣政府的演講，提到國內有三分之二的科系不值得念，連一流學校也不例外。」

嚴先生表示，國內學生多選校不選系，造成一流大學裡的頂尖科系不到半數，大學畢業生徒有名校光環，卻無法學以致用。

B寶一邊洗碗，一邊聽著A寶的朗誦，同時也與姊姊討論：「看來嚴先生主張要選科系，不應該選名校，可是大部分的同學好像都是先填台大，沒辦法考上才選擇其他大學與科系呢？」

A寶回過頭來問我：「爸爸，你的看法？」

我沉吟著：「很難說耶！如果很清楚自己的興趣趨向，當然以選系為優先考量；不過，若是還不知道自己的熱情所在的話，找一個學風鼎盛、有許多優秀同學共同學習與成長的環境，也是另一種考量。現在許多大學可以跨系選修科目，甚至跨校修課，也如同嚴先生在演講中提到的，網際網路讓學習無國界。只要真心想學習，都可以找到自己想學的東西，所以真正的關鍵在於自己的態度與熱情。」

A寶繼續追問：「到底你是主張選系或選校？」

我嘆口氣：「我不是說了嗎？每個人不同個性，不一定選系好或選校好！如果興趣很明確，或希望畢業後立刻找到相關的工作，那當然要選相關的科系；可是若對自行創業有興趣，或有強烈自發學習的習慣與動力，讀什麼科系其實也不太重要。畢竟在時代變遷之下，就讀的科系與就業的選擇，愈來愈沒有相關性了。爸爸讀書那個時候，假設百分之八十的人讀什麼科系就會做類似的工作，到了現在，搞不好只有百分之三、四十的相關性而已！」

B寶問：「為什麼？」

我回答：「大概是時代的變化太快，不斷有許多新的行業產生，也有許多舊的工作不見了，大學的科系調整趕不上時代的變化。」

A寶不免擔心：「那會不會太浪費大學的資源？」

我點點頭：「這也是嚴長壽先生批評的地方，學校浪費了社會資源，也耽誤了學生的青春歲月。不過，我知道也有人主張大學不該是職業訓練所，大學的目標應該更恢宏，讓學生有更寬大廣闊的視野，大學不該是為了將來找工作的謀職補習班。」

A寶思索著：「大學不是謀職的補習班，這是不是嚴長壽先生鼓勵大家讀高職，學得一技之長的原因？」

如今是職業供需不平衡

我搖搖頭：「話也不是這麼說。這幾年全世界都非常關心年輕人的失業問題，台灣這一陣子的媒體也不斷報導相關的新聞，你們有沒有發現，大家除了檢討工作機會減少之外，同時也有個矛盾的現象，就是有許多工作找不到員工？尤其一些技術性的基層工作，或者必須在工廠或較不舒服的工作環境的行業，缺工缺得很嚴重？社會輿論似乎認為加強技職學校是解決方案，於是以政策來鼓勵學生讀高職，這也是高職學費全面免費的原因吧。」

B寶繼續問：「大人說的，『學得一技之長』的『技』，是專指高職這類的職業學校嗎？讀大學就無法擁有一技之長嗎？」

聽B寶這麼一問，我有點愣住了：「話也不是這麼說啦！古人說三百六十行，其實現在搞不好有三百六十萬行，大部分行業都需要某些特殊技能。不過隨著社會進步，知識普及，人人都想挑舒服一點的工作，比如說穿得漂漂亮亮，待在有冷氣空調、環境優美的辦公室上班，於是大家都想讀更多書，擁有更亮眼的學歷，不想去做那些要花力氣，或者把自己搞得髒兮兮的行業。可是當大家一窩蜂去讀大學，那些想像中的舒服工作並沒有那麼多，所以畢業後就失業了；相反的，那些基礎的技術人員反而很缺乏，前一陣子不是說，水電、泥水、木工或油漆工總是供不應求，待遇也非常好呢！」

A寶問：「國外也有像台灣這般職業供需不平衡的情況嗎？」

我想了想：「我不太確定，但是我相信人同此心吧！不過我知道德國與台灣不同，他們自古以來就很尊重工匠技術，並且很早就實施職業分流。台灣是國中畢業才選擇讀普通高中準備升大學還是讀職業學校，而德國是從十歲，也就是讀到小學四年級後，舉行一次會考，以成績判定你適合讀大學，還是讀工匠職業學校。」

AB寶啊了一聲，嚇了一跳：「怎麼那麼早就決定終生的職業呢？」

我笑了笑：「所以各個國家的文化與習慣是很不一樣的。不過，德國很尊敬工匠，待遇也很好，一個普普通通的水電工人，薪水跟大學教授是一樣的，並不因為你從小比較會記憶背誦，考試比較高分，學歷比較高，薪水就比較多。」

B寶吐吐舌頭：「我相信台灣的家長還是希望自己的孩子有較高的學歷，因為自古以來就流傳著一句話——萬般皆下品，唯有讀書高。」

我嘆了口氣：「其實現在任何行業都必須不斷充實自己，精進自己的能力，真的要找自己喜歡做、也適合自己天性的工作，才能做得好啊！」

A寶想到之前的問題：「爸爸，你認為大學應不應該是以實用為取向的職業訓練所？」

我只好聳聳肩說：「那要看從什麼角度，以及社會發展的不同階段與需求來看，不太一定啦！」

對話之後：

AB寶對於我每次都不講明確的答案有點氣餒。我只能再次強調，對於社會資源的利用來說，每個大學當然要隨著時代需求，調整學校的科系與內容；但對於個人而言，我們要有信心與決心，不管處在什麼環境，都無法限制我們求知的機會。換句話說，關鍵還是在於個人的努力！

03 捷運殺人事件的啟示

這篇新聞，可以讓孩子學到：

社會上大約有百分之二到百分之三的人
具有反社會性人格，
對這些人格偏差的人，
我們只能小心一點。
就像東海大學所寫的公開信裡說的，
多一些關懷，多一些注意，
也許有機會防止他們
做出更多反社會的破壞行為。

星期天早晨，我泡了杯咖啡、翹著腿坐在陽台上看書，AB寶也端著早餐湊到我身邊。

「爸爸，你在看什麼書啊？」A寶好奇地彎下腰，看我手上那本巨大厚重的醫學教科書。

A寶驚呼：「哇！變態心理學！你怎麼會看這種書啊？」

B寶也隨手拿起我擱在小凳子上的另一本社會學科普書：「咦？《小心，魔鬼就在你身邊》！」

我將《變態心理學》闔上，在她們眼前晃了晃，接著問：「鄭捷在捷運上隨機殺人，給你們最大的啟示是什麼？」

A寶故意搞笑：「要重新溫習小時候學過的跆拳道。」

B寶用她手上拿的書回答我：「小心惡魔就在你身邊。」

我稍稍嚴肅地說：「人這個物種天生就很喜歡找理由，覺得任何事情一定『事出必有因』，我們所做的一舉一動也都要賦予意義。因此，當鄭捷在捷運站殺人之後，所有人都在找原因，可是因為鄭捷的誠實，使我們不得不面對另一種可能性。」

A寶訝異地問：「因為鄭捷的誠實？」

我點點頭說：「沒錯，鄭捷大可以隨便找一個藉口，說他討厭學校、對社會不滿，或者覺得政府很爛……等等，其實他真的很容易找到一個『替罪羔羊』，可是他沒有，反而當別人暗示他是否被退學以致心生不滿，或者被別人欺負啦，他都斷然否認。」

B寶問：「那他為什麼要殺人？」

我回答：「是啊，家庭生活正常，求學過程也沒有什麼挫折，沒有什麼人得罪他，沒有任何行凶動機，甚至在檢察官的調查報告裡也說到，他小學時的評價是人際關係和諧，有領導力；國中時擔任班長，熱心班務多次被記功；高中老師的評語是幽默風趣，直爽樂觀。」

A寶推測：「是不是後來玩電玩太入迷？孤獨沒有朋友？」

我搖搖頭：「電玩比他入迷的人不計其數，他也不算孤僻的人，一直有老同學跟他保持聯絡。」

B寶問：「是不是精神異常？平常好好的，一發作就變了個人？」

我仍然搖搖頭：「事件之後，台大醫院對鄭捷的精神鑑定報告結論是正常，也就是說意識清楚，能思考，具邏輯，有行為能力，能理性地判斷事物，甚至可說是思慮周密。」

B寶很好奇：「那麼到底是怎麼回事呢？」

我嘆口氣：「當排除其他所有可能的原因後，你們有沒有發現，報章雜誌陸續訪問精神科醫師，報導中總算委婉地出現一個名詞——反社會性人格，若更溫和地說，就是人格違常、人格偏差……。我想這些指的都是同一件事，或者用民間通俗的話來說，就是變態、冷血、殘忍。台語也有這麼一句：沒血沒眼淚。」

沒有同理心，也沒有罪惡感

B寶追問：「什麼是反社會性人格啊？」

我回答說：「『反社會性人格』不像一般生理上的疾病，可以明確做診斷，但是精神醫學倒是列出不少屬於反社會性人格的特徵，簡單地講，他們沒有同理心，也不會有罪惡感。有一些研究發現，他們大腦的情感中樞發展有問題，沒有正常人感同身受的本能反應。也有研究顯示，從小接觸色情、暴力、凌虐、冷漠，都可能會改變大腦的發育而影響行為。目前各國的精神研究都認為，社會上大約有百分之二到百分之三的人具有反社會性人格，換句話說，這些人外表很正常，甚至智商也可能很高，但是就是具有反社會的傾向。」

A寶問：「這些人有哪些特徵？」

我想了想：「核心特徵就是剛剛說的，他們沒有同理心，也完全沒有罪惡感，所以不會真心悔改，缺乏真正的情感。我說『真心』或『真正』的意思是，有些高智商的反社會性人格，也許能夠學習如何表現才能贏取別人的信任或好感，換句話說，他可能會演戲假裝。這種不會後悔的特徵就出現在鄭捷身上，殺人後完全沒有任何悔恨的感覺，甚至他還問說為什麼要道歉？」

我停了一下，繼續說：「其他較明顯的徵兆，比如說，常用欺騙、說謊話讓自己快樂，自我中心且不負責任，對自己的過錯會推諉塞責或合理化，犯錯完全不會不好意思，不在乎各種規範或法律。其他更低階的反社會性格，常見到的是個性衝動，容易暴力相向，暴躁易怒，情緒不穩定；不過這些人往往很早就犯罪被關到監獄裡。我比較擔心的是那些高智商的反社會性格，因為他們可能就在你我身邊，對我們或社會都是潛在的風險。」

A寶說：「對這些反社會性格或人格偏差的人，難道沒有辦法處理嗎？」

我搖搖頭：「我們只能小心一點。當然，從正面看，也許可以把他們視為受過傷、是生病的人，就像東海大學所寫的公開信裡說的，多走一步，多看一眼，多聊一句，不要再讓不快樂的人孤獨；多一些關懷，多一些注意，也許有機會防止他們做出更多反社會的破壞行為。」

對話之後：

聊完之後，ＡＢ寶將這兩本書拿過去，認真地翻閱起來。我一邊看著她們專注的眼神，一邊想著，希望她們在熱情參與社會、與朋友交往時，也要瞭解社會上的確也有一定百分比的人是我們很難理解，無法用常理去判斷的，所以要學會保護自己不被人傷害。

這篇新聞，可以讓孩子學到：

絕大部分的社會問題沒有簡單的答案，
當然更沒有標準答案，
選擇的標準會隨著
看重的時間是現在或未來，
現在擁有資源的多或少，
甚至看重的價值，對未來的想像等因素，
就會有不同的答案。
不管支持或反對，
都只擁有部分的真裡，部分的事實。

沒有標準答案的問題

A寶翻閱著攤在家裡客廳桌子上的剪報與期刊，氣餒地問：「這麼多資料，有的說通過服貿會毀了台灣，有的卻說服貿沒過會讓台灣喪失競爭力，不管贊成或反對，都是專家學者說的，到底誰對誰錯啊？」

B寶在旁邊搭腔：「不是說，十個經濟學家會有十一種經濟理論嗎？爸爸以前就用股票買賣為例子跟我們說過，同樣是專家，一定有人看空市場，有人看多市場，股票才能有交易存在。所以啊，專家說的話聽聽就好，不用太認真。」

A寶不同意B寶：「可是，關於服貿或反服貿，他們舉的例子或數據，應該可以被檢視，何況最後的決定牽涉到我們的未來，我們還是必須搞清楚。」

聽到AB寶的爭論，我趁機找張椅子，坐在她們中間，告訴她們：「這些專家學者既然敢在報章雜誌發表他們的意見，一定有他們的依據。不過，我想不管支持或反對，都只說出部分的事實，也跟社會大部分議題不同意見的爭論情況一樣，大家都只擁有部分的真理、部分的答案。」

A寶不太滿意我的回答：「可是為什麼大家都把對方視為壞人，批判力道或使用的言語都非常激烈啊？」

看著ＡＢ寶有點困惑，也有點焦急的心情，不由想到，在訊息排山倒海撲向每個人的時代裡，現代人愈加渴求真理，渴求一個清清楚楚、非黑即白的答案，就像小時候看電影總想搞明白：「到底誰是壞人？」對於錯綜複雜一點的社會問題，我們沒時間、沒精神，或許也沒能力搞清楚：「到底我們該怎麼辦？」

而關心社會的民眾這些年來一直很困惑，在看新聞時，不時聽到立場相反的論點，偏偏這些論點都是專家的意見，也都佐以大量的科學證據。我們如何能在紛亂或相反的事實中，做出正確的選擇呢？

我一邊想著，一邊說：「絕大部分的社會問題沒有簡單的答案，當然更沒有標準答案，選擇的標準會隨著看重的時間是現在或未來，現在擁有資源的多或少，甚至看重的價值，對未來的想像……等等因素，就會有不同的答案，很少有皆大歡喜、沒有缺點的政策。我不是一再提醒你們，在做任何評論、下任何判斷之前，要盡可能地把事情的前因後果想清楚嗎？」

停了一下，我才繼續說：「服貿是服務貿易協定，是我們跟中國大陸一連串的貿易協定的一環，也是我們陸續跟世界各國簽訂各種貿易協定的一環，更是目前全世界各國都在積極進行的經濟全球化的一環。如果你要爸爸的簡單答案，以全世界的角度，以人類長遠的發展來看，爸爸跟環保團體，或者全世界絕大部分的公益團體一樣，反對沒有管制、弱肉強食的經濟全球化；但是，若以台灣的立場來看，其實我們沒有條件閉關自守，只有開放自己，才能迎向世界，也就是透過全球化到全世界賺錢。因為台灣沒有任何資源可以依恃，只有勤奮的人民。」

你必須跑得比現在快兩倍

B寶突然插話：「這也是這些年教育改革常常提到，每個學生都要有國際化的能力嗎？」

我從書架上拿出嚴長壽先生所寫的《你就是改變的起點》這本書，唸出其中的一段：「你希望簡單的日子安穩過下去就好了，但當你選擇停在原處，其他人卻拚命向前，你的競爭力就相對下降了。即使你安於『平淡』與『平凡』，在變化如此迅速的時代，不奮力，將難以抵抗所有將你往下拉的力量。這不是願不願意或有沒有企圖心的問題，而是，你得很努力、很有夢想，才可能在全球化競爭中，找到立足之地。如果一開始就選擇平穩，選擇留在溫室，未來的選擇也許就不是你能選擇的了。」

B寶若有所思：「他的意思是不是，若是年輕人不肯面對全球化的挑戰，胸無大志而只期盼追求小確幸，等到最後，恐怕連基本的生存能力都會成問題？」

A寶哈了一聲：「這是不是《愛麗絲夢遊仙境》裡紅皇后的名言，你必須跑得比現在快兩倍，才能停留在原地？」

我點點頭：「沒錯，雖然台灣每個人都知道我們要開放，要走出去，而且貿易交流當然是對等的，你要到別的國家賺錢，也應該讓別的國家的人民來你這裡才公平嘛。那麼，為什麼又有那麼多人對中國大陸特別擔心呢？」

A寶說：「是不是他們對我們有敵意，擔心藉此統戰？」

B寶補充：「而且他們地太大，人太多，距離我們又太近了。」

我點點頭：「你們說的都沒錯。對其他國家開放，問題都還不大，但是對於中國，除了他們人太多、太近之外，台灣與中國大陸因為語言、習慣都差不多，他們的大企業很容易以大量資金而瓦解掉本土的小企業。據說三、四十年前，中共領導人鄧小平與西方領袖碰面時，總是被質疑中國大陸的人權問題，當時中國對民眾的遷移管制非常嚴格，更不用說出國了，所以常有大陸民眾要求西方國家政治庇護，或者跳機、跳船非法入境。結果鄧小平一句話，四兩撥千金就堵住了西方領袖的嘴巴：『你說我們不讓民眾出國？好，那你們需要多少人？五百萬人夠嗎？還是要一千萬、二千萬人？』的確，中國大陸實在人太多了。」

AB寶聽了這則政治軼聞哈哈大笑，A寶忽然想起來：「你說環保團體和大部分的公益團體都反對全球化，為什麼？」

我點點頭：「簡單的結論是，現在全世界絕大部分的問題，比如貧富不均、不公不義，以及自然環境的破壞，都來自於沒有適當管制的經濟全球化。雖然許多人接受企管大師梭羅所說：『不論你喜歡或不喜歡，全球化都不可能停止，你若選擇不加入全球化，即等於選擇貧窮，全球化是個屬於勇者和強者的時代。』但是，還是有許多人懷抱著悲天憫人的心情，覺得全球化反而使得世界上愈來愈多的人餓死，並帶來生態環境無法挽回的傷害，因此選擇反對全球化。」

你不可不知的全球化隱疾：以大吞小，資源耗竭

A寶說：「到底什麼是全球化？」

我思考著如何用比較簡單的話來說：「若廣義來講，人類古老的祖先離開了非洲草原，往世界各地移動時，就開始了全球化。比較明確且對世界帶來較大影響的全球化，大約是三、四百年前的歐洲大探險時代，歐洲列強靠著船堅砲利，劫掠物品，然後到處殖民；一直到現代的全球化，才真正改變了全世界每一個人

Oil

的生活，影響了自然界裡的大部分物種。這大概開始於一九八〇年代，美國雷根總統和英國首相柴契爾夫人解除政府對企業的管制，將國營事業私有化，扶植大企業，到了九〇年代，再透過各種政治談判，推動所謂自由化，也就是打破各國家的關稅障礙。剛好也得力於通訊技術的發展，電腦科技的進步以及全球運輸體系的建立，到了二十世紀末，已經可以說達到全球化的基本條件，也就是貨物、人員與資金流通沒有障礙的世界。」

A寶說：「這不好嗎？」

我點點頭：「全球化最原始的理想，本是期望大眾的資金能夠經由股市募集，以大資本強化企業推動、運用知識與科技的創新能力，以最有效率的方式製造更低廉、品質更好的產品，來改善人民的生活水準，同時分享經營的利潤。理想很好，但是若加上自由化，關稅壁壘喪失，必然形成全球化的競爭，初期或許是百家爭鳴，市場一片蓬勃，但是很快的，企業會以大吞小的方式，形成壟斷性的產業，喪失了生物（或產業）的多樣性。

「而且，低價競爭也會帶來資源浪費，一方面地球上有限的資源是否承受得住競爭所帶來的消耗；另一方面，由於競爭與科技，形成產能過剩，供過於求，又因為過度競爭，企業利潤消失，基層員工遭殃，形成貧富不均，廣大民眾反而更苦。再加上大企業是由眾多投資者持股，只在乎企業賺不賺錢，只關心短期股價的漲跌，不太可能顧到社會正義，或地區性的永續發展。我們會發覺，在市場經濟全球化之下，幾乎已經沒有可以自給自足的地區，全世界各地區之間已經沒有緩衝區，喪失了多樣性。我們知道，在自然界中，單一化是最不穩定的。」

AB寶靜靜想著我說的話。

我繼續舉她們比較熟悉、有關環境保護方面的例子：「在市場全球化之前，也就是在地方經濟的時代裡，自然資源和當地使用者之間的回饋，感受十分直接，可以一直維持著動態平衡。但是，一旦市場已超越當地，擴展到全國，乃至於全世界，形成大企業以全球觀點來控制生產與銷售時，維持一個小區域的生態平衡回饋機制就喪失掉了。有數不盡的例子，幾乎所有國家的許多在地產業，如地方性伐木工人和漁民，都是全球化的受害者。

「比如跨國伐木業者會在全世界找最便宜的生產地，在選定砍伐地點時，短期內當然會創造當地大量的就業人口與較好的收入，可是一旦把當地全部的樹木砍光之後，跨國企業就轉移到下一個國家，下一個便宜的產地，原先當地的伐木工人當然就失業了，而且這一失業就是永久失業，造成生存上的困難，因為當地的生態系與自然資源完全被『消耗殆盡』了，這就是成語裡講的『竭澤而漁』。

地區的老百姓與產業被當作『柴薪』燃料般使用，以支撐資本主義全球化形成的市場低價競爭。」

走在一條無法回頭的路上

A寶開始擔心了：「那怎麼辦？」

我仔細地說明：「全球化的趨勢是一條不歸路，不可能再走回以前所謂『部落文化』般的關稅壁壘。或許我們可以重新思考，哪些東西適合全球化，哪些最好能夠保護地方的完整性？

「比如說，自由經濟的全球化，勢必要接受一些管制與規範，不能以弱肉強食的叢林法則來壟斷市場。因為若沒有規範，經濟力量一定會愈來愈集中在少數大企業手中，使他們儼然成為『私人政府』，對真正的政府有很大的影響力。那麼原本為平衡政府獨斷力量而發展的自由市場經濟制度，反過來和政府聯手，形成了新的獨裁力量，和真正的民主真諦背道而馳，儘管它打的名號是自由開放。」

我再次強調：「我們有必要區分全球化的幾個不同面向，比如技術科技的，通訊資訊的，生態環境的，經濟的，工作組織的，文化的，公民社會的……等等面向。因此，問題不在於探討全球化的對與錯，而是在於『到底應該把什麼事全球化？』或者反過來講：『什麼領域的全球化會帶來毀滅性的後果？』

「比如說，對於環境保護的協定或條約，保障人權與弱勢族群的法律，必須使其全球化；或者，以網際網路及行動通訊為象徵的『資訊革命』，其長處是知識和資訊不會被少數人獨佔，這種『開放性』與『雙向性』，可以成為支撐民主人權的基礎。因此，面對全球化，我們要以『全球治理』、『全球規範』的角度來著眼。比如經濟全球化，若沒有以永續和公平正義的在地觀點來加以思考的話，便會形成新帝國主義。如同專家分析的，目前經濟全球化的三大特徵是——經濟的新殖民主義、非永續性的經濟發展，以及國際性的經濟中央集權。」

最後我樂觀地說：「雖然有人覺得悲觀，認為全球化是本世紀末人類行為的一個無法回頭的趨勢。從某個觀點來說，沒錯，正如同人類發現了『火』，就不會再回去過沒有『火』的生活一樣，科技及通訊進步所帶來現代生活的改變，這樣的全球化當然不可能走回頭路。但是對於『經濟全球化』的改變，我是樂觀的，因為經濟全球化是以法律規範等人為方式產生的，當然同樣可以用人為治理的方式彌補其不足！」

我從書架上找出了佛洛姆（Erich Fromm）在《人類新希望》這本書的一段話給

AB寶參考，也是給我自己的警惕：

我們不是變得更強就是更弱，不是更聰明就是更愚蠢，不是更勇敢就是更懦弱。每一秒鐘都是做決定的時刻……每一個愛的行為，認知的行為和同情的行為，都是一種復活。每一個懶惰，貪婪和自私的行為，都是死亡。每一刻生存的時間都將復活與死亡置於我們面前，要我們選擇，而我們每一刻都給了答案。這個答案並不在於我們說的和想的是什麼，而在於我們怎麼生活，怎麼行為，怎麼行動。

對話之後：

結束這場談話，我看A寶用不同的態度重新看著她面前的資料，我一邊想著，改變目前「經濟全球化」真正阻礙的力量，或許就是我們自己，就是我們習以為常的生活方式。是我們內心的貪婪，為了物質享受捨不得改變生活；是我們的懶惰，只想抄捷徑搶短線，找最容易的路走；是我們偏狹的心，無法彎下腰傾聽大地的心，傾聽別人的心，不願更寬容、更柔軟地看待所有不同的意見。

05 香港佔中到底算成功還是失敗？

這篇新聞，可以讓孩子學到：

同一件事情，可以是挫折，
也可以是成功之前的經驗。
不管任何社會運動，
只要引起社會大眾的關心，
願意為它表達意見甚至走上街頭，
不管運動的目的有沒有達成，
它都算是成功的！
歷史的迂迴或發展大概是如此吧！

我相信很多台灣的年輕人和 AB 寶一樣，都很關心香港佔中的情況。二〇一四年十一月下旬，我與一群老朋友跟著劉克襄老師，到少被人知道的「四分之三的香港」（指佔地百分之七十五的郊野）健行時，特意抽出空檔到香港鬧區如旺角與金鐘，去看那些年輕人。許多爸爸媽媽立刻用手機拍下照片，傳給在台灣的孩子們，有人說這是回覆孩子給父母的功課。

回台之後，我們每天關注著香港朋友的近況，十二月中旬以後，香港警方陸續強制驅離那些學生。A寶有點焦急：「為什麼民眾不再上街頭保護那些學生？」

B寶稍微冷靜一點：「為什麼百分之八、九十的民眾認為佔中應該停止，一開始的時候不是大家都支持嗎？」

我嘆了口氣：「這也是香港政府後來學聰明的地方，用低調冷處理的方法。其實這次會變成長期佔領三個商業鬧區的街道，是在運動發起人當初規劃之外，算是一開始警方暴力驅離之下的擦槍走火吧？不過也因為時間一拉長，這幾個街區真的是香港市區的交通要道，的確會造成民眾生活與工作的不便，使得民意逐漸轉向，最後香港政府也藉由整頓交通的名義而驅離這些學生了。」

A寶還是很難過：「所以說，這次的運動是失敗了嗎？」

我搖搖頭說：「若是以他們主要的訴求來看，確實沒有達到目標，說是失敗也沒錯；可是若從長遠的角度來看，佔中運動有它不可抹滅的貢獻。比如說，那些挺身而出的年輕人往後將會對公眾事務更加關心，也勢必以更多元化的方式投入改革運動，監督政府。我認為，不管任何社會運動，只要引起社會大眾的關心，願意為它表達意見甚至走上街頭，不管運動的目的有沒有達成，它都算是成功的！」

B寶有點困惑：「這會不會有點阿Q，自我感覺良好？沒有失敗的社會運動？」

我笑笑地說：「沒錯，我常覺得同一件事情，可以是挫折，也可以是成功之前的經驗，全看自己的態度如何。就像古人說的，可以重於泰山，也可以輕於鴻毛。至於如何看待社會運動的成功或失敗，我覺得只要我們投入心血，全力以赴地努力，根本沒有所謂『失敗的社會運動』，頂多可以區分為『非常成功，部分成功，一點點成功』這幾種不同程度。」

社會運動的訴求或目標，也許在此時此刻沒有立即達成，但我總是相信，任何努力，在歷史的進程當中，絕不會虛耗的。正如十九世紀英國哲學家摩瑞斯曾說過：

人們奮戰失敗，儘管他們失敗了，但他們為它而戰的事終將成真，雖然到時已非當初所期待的模樣，但另一方面，這也是會讓人挫折之處，因為努力的收穫不會在今天。甚至在大部分的情況下，我們的努力只是在為歷史和未來而撒種耕作。

我繼續說：「民主必須是一個漸進，由許多努力與條件所累積的過程。朱熹在〈觀書有感之二〉裡這麼寫著：『昨夜江邊春水生，艨艟巨艦一毛輕。向來枉費推移力，此日中流自在行。』我想，歷史的迂迴或發展大概是如此吧！許多後來視為稀鬆平常，不必任何努力就自在而行的事（或觀念），在時代變遷中，都曾經歷漫長的等待與付出，形成足夠多的春水，到了某一天，該來的就會來！我相信，這些年輕人在街頭上搭帳篷睡了七十多天，一定對往後的歷史有所影響的。」

你知道茉莉花革命的後續嗎？

A寶注意到我剛才說的前提：「你說民主是一個漸進的過程，也有條件，是什麼意思？」

我嘆了口氣：「四、五年前，北非的茉莉花革命，老百姓運用當代通訊科技，成功地推翻了許多獨裁政權，不是引起全世界的讚賞嗎？你們可曾注意到那些國家現在的情況嗎？」

A寶說：「當時媒體以大篇幅報導那些獨裁領袖下台，或被判刑、或被殺，之後好像就沒有再報導什麼了？」

我搖搖頭說：「埃及強人被抓，但最後還是軍人掌權，鎮壓示威死傷數以千計，人權反而倒退。利比亞去掉獨裁者格達費之後，至今處於內戰中，死傷無以計數。另外，敘利亞被茉莉花革命波及，也是在內戰中，因為整個國家處於無政府狀態，才讓一些恐怖分子從伊拉克攻進敘利亞，佔領油井，有大量的資金後，便招兵買馬，成立令全世界煩惱的伊斯蘭國。至於茉莉花革命的發源地突尼西亞，至今生活還是沒有任何改善，年輕人依舊找不到工作，所以有許多人跑到伊斯蘭國當傭兵。」

「哇！怎麼會這樣？」A寶聽完我細數這一大串國際現況，嚇了一跳。

我點點頭說：「所以說，當一個國家整體國民的教育程度不夠，法治基礎不足，再加上政府公務體系的效能不彰，都是推動民主的阻礙。」

這時候B寶忽然放個冷箭：「你剛剛講的這幾個條件台灣都俱足，那麼你怎麼看台灣似乎層出不窮的社會運動？」

A寶也附議：「荒野保護協會成立二十年了，雖然你們曾說荒野也在推動社會運動，但好像很少看到荒野走上街頭？」

我哈哈大笑：「有啦！我們偶爾也是會上街頭的。只是我覺得環境運動經過幾十年的努力，基本上已經是一種普世價值，也就是人人知道、人人同意的價值觀。但這也是環境運動如今面對最大的挑戰與瓶頸——你如何去不斷告訴別人一個他早已同意的觀念呢？環境運動的問題已不在於民眾知不知道、同不同意，而是民眾願不願意改變生活，願不願意付出代價？所以，我們所信仰的環境運動是一個長期的實踐過程，不是以為自己有能力去改變誰、去指導誰，而是願意先從自己的改變做起。或許這是一段漫長寂寞的過程，但是我相信，唯有這種發自每個人內心的改變力量，才是環境運動成功的機會。」

B寶繼續打槍：「這也是荒野一直非常溫和、很少因為社會運動上報紙版面的原因了？」

我點點頭：「很多人相信社會運動是從『議題的操作』開始的，比如說跟政治人物或明星偶像結合，搞個令人聳動的事件，辦辦記者會……。在台灣這個過度政治化的社會，在這個以作態、作秀為主流的影像時代裡，或許，為了目光的聚集與媒體的鏡頭，這是無可奈何的做法。行銷學的書我看過一些，媒體嗜血的本質我也清楚，但是，我總覺得環境運動不該是如此。至少，環境保護或生態保育的努力，應該不只是作秀，不只是以贏得媒體鏡頭幾分鐘的關注為目標。議題操作與作秀中，勢必要有主角，可是我從來不認為有人有資格為某個議題、為某個族群來代言。甚至我總覺得，一場社會運動，最失敗的是只成就了少數偶像或菁英。只要偶像一形成，運動真正的主體就不見了！」

AB寶沉思著，琢磨著我的話。

最後我下結論：「只有自己能夠改變自己。只有自己能夠教導自己。」

對話之後：

一個人在自願和自發的行動與付出的過程之中，就會發展出改變自己的力量。這種力量不可能來自別人的強迫或威脅，也不可能來自別人的教導或訓示，因此，如何溫柔地貼近一個人的內心，從別人的實際問題與感受出發，讓民眾從點點滴滴的行動中累積出改變的力量，也是這些年我不斷思考的。

06 我們是偏藍還是偏綠？

這篇新聞，可以讓孩子學到：

要去傾聽跟我們不同意見的人，
也絕對不能把跟
我們立場相反的人妖魔化！
在這巨變時代裡，每個人都必須謙虛。
負責任的人
不要犯了專業或權力的傲慢；
至於監督者，
也不要以事後諸葛的後見之明來批評分化。

政治要關心，不要謾罵

每到選舉，台灣所有的媒體總是不斷用政治新聞反覆轟炸著大家，AB寶上大學後，也開始收到同學轉傳一些關於政治的傳言或八卦。某天放假回家，她們看到媽媽在看選舉公報，A寶忽然像發現新大陸般，好奇地問：「對了，爸爸，你經常在寫文章，可是我好像從來沒看過你對任何政黨或政治人物評論過？」

B寶也附議：「對喔！你們常常跟老朋友聚會聊天，卻從來沒有聽你們談論過政治？」

A寶追問：「你們是不是不關心政治？」

我哈哈大笑：「當然不是不關心，相反地，對公眾事務的關心是每個公民基本的責任。在二次世界大戰期間，得過諾貝爾文學獎的德國作家托瑪斯・曼（Thomas Mann），因為拒絕納粹的統治而流亡海外，他曾說過一句至理名言——政治只和極少數人有關，卻會毀掉全部人的生活。」

B寶抓到把柄：「既然你覺得很重要，為什麼你從來不談論政治？」

我嘆了口氣：「以目前的現況，在台灣很難理性地談論政治，尤其在選舉時，或者牽涉到個別政黨時。」

AB寶齊問：「為什麼？」

我試圖跟她們分析：「不知道是不是因為這二十多年來，每經過一次選舉，社會就被撕裂一次？經過不斷地反覆動員，兩黨劇烈地競爭，如多年前曾經恐怖到有所謂割喉戰，慘烈到一切以意識形態掛帥，弄到最後連選舉之後的日常施政，一些重大的公共議題也是『非藍即綠』，只問立場不論是非，沒辦法進行理性的討論。爸爸有一些對政治比較熱衷的好朋友，原本都是熱情也非常良善的好人，可是只要談到政治，就像瘋了一樣，所以爸爸很早以前就在聚會中與朋友們訂下一個不成文的默契，大家都不要聊政治。」

傾聽與互信才是前進之路

A寶還是覺得怪怪的：「你覺得政治很重要，應該要關心政治，卻又絕口不提政治，這不是矛盾嗎？」

我笑笑說：「我雖然不直接談論政治，卻也盡量以自己的方式在關心，在努力！我覺得台灣的媒體，尤其電視評論節目的名嘴，總是把跟自己不同意見的人，不是視為笨蛋，就是以為居心叵測的壞蛋，極盡消遣謾罵之能事。所以這些年透過媒體在民眾眼中的政治人物，要嘛不是腦滿腸肥、愚鈍可笑，不然就是利慾薰心、陰險狡詐，他們的言行舉止、決策作為，似乎也荒腔走板，我們看了除了義憤填膺或搖頭嘆息之餘，其實對國家、對社會，一點幫助也沒有，彼此的互信與對話的機會也都失去了。這個風氣一定要導正，這也是我常常提醒你們的，要去傾聽跟我們不同意見的人，也絕對不能把跟我們立場相反的人妖魔化！」

B寶哈哈大笑：「說得好，妖魔化！」

我繼續提醒她們：「台灣是個非常多元的社會，每個部會、每個族群、每個產業，甚至每個人，都有自己的生存考量與績效利益，如何在多元的立場之下，大家可以共同往真正永續發展之路前進，或許只有彼此尊重、互相傾聽，才能在每次不同的選擇中，都能改進一點點！我們表達自己的意見時，也一定要溫柔婉轉，理直時都要氣和了，何況很多事情沒有所謂是非對錯，只有不同觀點與不同情境下的選擇而已。」

我停了一下，繼續說：「對於政治或有權力者的監督與批評，目的應該都是為了面對未來，應該不是見縫插針式地挑毛病，懷著鬥倒誰的私心。在這巨變時代裡，每個人都必須謙虛。負責任的人不要犯了專業或權力的傲慢，要傾聽各種意見，將決策機制透明化；至於監督者，也請不要以事後諸葛的後見之明來批評分化，請大家互相忍讓，多做點事，少說些話。」

最後A寶偷偷問：「那麼我們家的政治立場是偏藍還是偏綠？」

我哈哈大笑：「我們不是藍也不是綠，我們是彩色的！」

對話之後：

每個人都有自己的偏好與主觀的意識形態，也都有遠近親疏。自己人與不是自己人的不同人際關係，要就事論事、不受情感左右是很不容易的事情。這些年我常提醒自己與孩子，不要隨意論斷一個人，要區分報導中的事實或意見，並盡量找立場相反的媒體來比較。這些自覺要實踐很不容易，卻是台灣每一個公民必須嚴肅面對的新課題。

07 從金城武樹到最美的一棵樹

這篇新聞，可以讓孩子學到：

樹也會生病，樹也有醫生。
在金城武樹因風倒塌、
引起熱烈關注的同時，
有更多的樹木問題我們並不瞭解，
應該對植栽、土壤採取嚴格管制，
還是抱持物競天擇的觀念？
大樹是自然或鄉土教育最好的教材。

愛樹還是害樹？

「看來台灣的生態保護觀念有進步，因為一棵樹的傾倒，引起全國媒體這麼大的注意，而且從鄉長到縣長，所有人都到現場關心。」A寶一邊整理著春天到台東池上旅行的相片，看到襯著遠山與青翠稻穗中，樹型優美的茄苳樹，想到夏天颱風來襲，眾人搶救這棵因為廣告拍攝而聞名全台的樹，不禁有感而發。

B寶潑姊姊的冷水說：「那是特例，你不知道台南玉井非常知名的綠色隧道，一百多棵八十歲的芒果樹全都被砍頭，醜得不得了，搞不好還會造成永久的傷害呢？」

A寶想起了那一長排被斬首、光凸凸的樹木，呈現令人驚心動魄的畫面，著急地問我：「爸爸，那些樹還活得了嗎？」

B寶也很感慨：「爸爸，你前幾天才去擔任全國最美校樹選拔的評審，為什麼台灣有時候好像很保護大樹，有時卻又毫不珍惜啊？」

我提醒她們：「你們記不記得，當初池上那棵被人稱為『金城武樹』的茄苳樹傾倒時，也曾引起不少爭議。當地民眾，尤其住在附近的居民，都主張砍掉移除，因為太多觀光客影響了他們的安寧與生活；但是對鄉公所或縣政府來說，因為這棵出名的樹，每年到池上鄉的遊客從七萬人暴增到三十七萬人次，帶來很大的宣傳與經濟效益，政府當然想盡辦法要保護下來。至於台南玉井的老芒果樹，也是應當地民眾要求砍掉的，認為影響夜間路燈照明，又竄入民宅影響安全。」

A寶追問：「砍成那樣子，會影響這些老樹的生命嗎？」

我嘆了口氣：「其實我也有點擔心，因為樹木該如何修剪是有學問的，我看到照片那種剪法，的確不妥當。行道樹與園藝（或果園）的樹木修剪目的與方式，是截然不同的。果樹為了果子收成與經濟效益，或許可以這麼大刀闊斧地修，但是對於行道樹，這麼修會造成傷口腐爛。剪掉大的枝幹，反而會從斷面長出不定向的枝枒，除了影響樹型美觀，以後反倒需要一修再修；而且切除的斷面傷口太大，會不容易癒合，或者造成癒合時間過久，比如樹木年輪一年只長一公分，但是把五公分粗的枝條修掉，就得花五年才能癒合。在這段時間裡，傷口感染病菌的機率高，就會害死這棵樹了。」

B寶又想起來：「好像台南孔廟的老樹也曾倒塌過，甚至還壓壞了孔廟裡的古蹟呢？」

我笑笑說：「台南孔廟的老樹感染的是褐根病，這是目前最棘手、最麻煩的老樹殺手，也有人說這是樹的癌症，與池上的茄苳樹傾倒原因不同。」

A寶問：「台灣的護樹團體這麼多，有這麼多的專家學者，難道沒有辦法嗎？」

可怕的褐根病與樹醫生的治療

我回答：「褐根病菌的學名是有害木層孔菌，是真菌的一種，像是酵母菌、黴菌之類，它們分解有機物質，讓死掉生物的殘骸可以回歸大地，是自然循環裡的重要角色。通常它們專吃樹木的木質部，除了樹木內層的纖維素之外，連樹皮活組織細胞、細胞壁的木質素也會破壞，造成樹木運送水分與養分的組織也壞死掉。麻煩的是，它們都從樹根開始破壞起，等到蔓延到樹幹，我們發現樹皮有不規則的黃褐色網狀紋路時，要搶救已經來不及了。」

B寶問：「這幾年不是常常看到樹醫生，拿著聽診器為樹把脈嗎？我還看過替樹打針，甚至吊點滴的畫面呢。」

我哈哈大笑：「用聽診器是有點誇張，早先是用鑽心取樣法，就像人體切片檢查一樣，切出一段樹木，看看樹幹有沒有受到病菌感染甚至蛀空了。但是這樣會有傷口，也因取樣位置的錯誤影響而不精確。現在科技進步，可以用超音波，以及最常用的應力波檢測，也就是將探頭打進樹皮二至三公分，然後搭配增幅

器，把敲擊的音波傳到另一端，透過電腦程式計算，就能畫出樹幹斷面的3D音速圖，能夠相當準確地判定樹木腐朽的程度。接著可以針對被病菌感染的部位，像打針一樣，將化學藥劑或營養物質直接注射到樹的維管束裡。」

我繼續說：「但有專家認為，無法用任何殺菌劑有效治療褐根病，只要樹木裡頭有一點罹病的殘根，或土壤裡還有這種真菌，樹木還是遲早必死的。唯一有效的方法，就像人體治療某些癌症一樣，用外科手術切除，然後更換土壤，確保整棵樹木連樹根及樹根周遭的土壤都沒有任何原菌，才有可能保住大樹的生命。」

A寶哇了一聲：「這麼麻煩啊？」

我點點頭：「就像我剛才說的，往往發現大樹罹患褐根病時，它大部分的樹根都感染了，若要切除所有染病的樹根，往往樹也活不下去了。更討厭的是，褐根病菌會透過土壤裡樹木根部與鄰近根系的接觸，感染到其他棵樹而蔓延開來。」

A寶很擔心：「那怎麼辦呢？」

我笑笑說：「專家有不同意見，有的認為要對植栽、土壤採取嚴格管制，盡量不要讓病根蔓延；另外有一派專家認為，應依物競天擇的觀念，老樹罹病代表抵抗力弱，死了就算了，原本也是自然循環的一部分，或許可以改種一些對褐根病比較有抵抗力的樹種。」

B寶忽然想起來：「後來你們選出哪些樹，可以算得上全國最美麗的校樹？」

我笑笑說：「這是長年在搶救與醫治老樹的『福田樹木保育基金會』第一次舉辦的比賽，或許知道的學校並不多，只有幾十個學校報名。其實台灣有許多歷史悠久的學校，校園裡的老樹是歷屆校友的共同回憶，而且校園裡有一棵漂亮的大樹陪伴，也會是學生在學習過程中，非常美好的成長經驗。老師更可以利用大樹做自然或鄉土教育的教材，相信是最生動、也最有效的課程。」

一邊說著，我一邊要A寶用她整理相片的電腦上網，搜尋福田樹木保育基金會的網站，欣賞得獎的校園老樹，也結束今天這場討論。

對話之後：

一棵樹代表一個小小的生態系，有成千上萬的物種依賴樹而生存。社區裡一棵生長了百年的大樹，代表著這片環境、這小小的生態系在百年裡都沒有任何改變。大樹是台灣土地與生命真正的守護者。保護一棵老樹，對大人來說，是找回屬於自己鄉愁的機會；對孩子而言，是建立他們與環境、土地情感的開始。

08 伊波拉與狂犬病

這篇新聞，可以讓孩子學到：

伊波拉病毒是發病後才能感染給別人，
而病毒必須透過體液接觸來傳染，
只要將患者適當隔離，
傳播的速度與範圍不會太快太廣。
狂犬病毒開始是在肌肉內增殖，
再從末梢神經往中樞神經慢慢擴散，
被罹患狂犬病的狗咬到，
在二、三十天的潛伏期內施打疫苗，
都還可以治癒。

伊波拉從小流行到大流行

二〇一四年全世界最夯的名詞，大概就是伊波拉病毒了。媽媽看著一個又一個前往西非疫區，從事醫療救護的無國界醫師倒下，非常擔心，當初B寶選擇讀醫學系，就是憧憬能從事國際醫療服務。

我認為媽媽是杞人憂天，因為B寶才大一，離讀完書、受完醫療專業訓練還非常漫長，還會有非常多變因，何況任何行業都有風險，不見得面對致命的病毒就一定比較危險。不過，我還是找了時間跟AB寶討論伊波拉病毒。

我問AB寶：「為什麼全世界的媒體會大肆報導伊波拉病毒？」

A寶回答：「因為它很致命啊，一得到幾乎一定會死，而且死得很快，樣子很恐怖。再加上以前有一部電影片名就叫『伊波拉』，所以它的知名度很高啊！」

B寶補充：「我猜測真正引起全世界恐慌的原因，是伊波拉病毒傳播到美國和歐洲吧？」

我為B寶鼓掌：「沒錯。其實伊波拉在一九七六年第一次出現在非洲的薩伊，幾十年來已有多次爆發，每次幾乎都是整個村子的人死傷大半，然後病毒就銷聲匿跡，隔一段時間後又再爆發，歷次最多死亡人數估計是四百多人。通常新聞會報導一下，或者電影媒體認為這兇猛的怪病夠驚悚、有賣點，拿來拍成電影，但基本上西方發達國家都只認為那是在非洲遙遠的地方，事不關己，幾十年來沒有採取任何行動，直到這次延燒到自家門口。」

素來正氣凜然的A寶抗議：「既然爆發過那麼多次，為什麼國際上都不關心？不是說地球村嗎？」

B寶也問：「據報導，伊波拉病毒幾十年來變異並不大，應該很容易研發疫苗來預防吧？」

我笑笑說：「你們有聽過九〇對一〇法則嗎？」

AB寶搖搖頭。

我嘆口氣：「不管以區域或全世界來統計，大概都符合這原則，也就是百分之九十的醫療資源用在治療百分之十的人身上。換句話說，有錢國家人民關心的像抗老、防癌，乃至於禿頭、塑身減肥美容……等等，耗費了百分之九十的醫療資源，至於一些落後國家，因為衛生設施不足所導致的傳染病，卻沒有藥廠願意研發疫苗或生產藥品，因為沒有利潤。尤其疫苗研發和開發新藥需要投入龐大的金錢，還有各種嚴謹的人體試驗，流程冗長又昂貴，像伊波拉這類地區性的疾病，是不可能獲得藥廠青睞的，直到伊波拉變成大流行。」

B寶有疑問：「為什麼以前都只是局部的小流行，這次卻變成跨國界的大流行？」

我賣關子：「你們猜猜看？」

A寶回答：「我看過許多電影播出類似的劇情，傳染病的流行常常是看運氣，機緣巧合就這麼發生了！」

我哈哈大笑：「你說的雖然不能算錯，但有說等於沒說嘛！」

B寶回想著新聞報導：「非洲某些部落的風俗，比如死亡後家人要清洗屍體，葬禮時每個弔唁親友也要碰觸屍體，所以造成感染？」

A寶也補充：「那幾個國家的教育水準比較低落，老百姓迷信，還有醫療設備不足，都是原因吧？」

我點點頭：「沒有錯。最早以前，伊波拉爆發的地方都是非常偏僻的部落，原本在某些野生動物體內的病毒，不知什麼原因傳染給某個人，發病後再傳染給周圍的親戚朋友，因為發病到死亡速度太快，來不急就醫就死在部落裡，當所有染病的人都死掉，那個病也就在人類裡消失。但是這次爆發，追查起源最早是位在幾內亞、賴比瑞亞及獅子山三個國家邊境的某個人染病，附近親友來送葬時也染上，同時把伊波拉帶到這三個國家。不幸的是，這次染病者在沒有特殊隔離之下被送到大城市治療，於是疫情就擴散開來了。」

B寶補充說：「到二〇一四年底，短短幾個月就有二萬多人罹患，七、八千人死亡。最早不知病況時，疾病擴散也許還情有可原，最惡劣的是明知自己可能罹病，卻隱瞞病情傳染給醫護人員的人，像這次傳到奈及利亞及美國，都是這種情況。」

自私的基因？

我又丟出一個問題：「美國疾病管制局警告，到二〇一五年一月前，全球至少會再增加一百萬個確診病例，你們認為這可能嗎？」

A寶說：「美國疾病管制局是非常專業的官方組織，他們那麼說，一定有根據的吧？」

我搖搖頭：「我認為這是誇大其辭，絕對不可能的。」

B寶很好奇：「為什麼呢？」

我回答：「伊波拉病毒是發病後才能感染給別人，而且一發病就很嚴重，高燒、嘔吐、腹瀉，基本上患者是沒有行動能力的，而病毒必須透過體液接觸來傳染，不是經由呼吸道，因此傳播的速度與範圍不會太快太廣，只要將患者適當隔離，唯一有可能接觸到患者體液的就只有醫護人員，這也是這次有非常多醫療人員被傳染的原因。」

A寶有疑問：「電影演的伊波拉病毒致死率是百分之百，而這次媒體有的說死亡率九成，有的說七成；可是依現在的數據，二萬多人罹患，七、八千人死亡，死亡率不到四成。究竟哪個數據才對？」

我為A寶拍拍手：「好問題。你們有沒有看過一本很暢銷的科普書《自私的基因》？這本書提出的論點被大多數專家認同，認為所有生命的繁衍無非是基因想複製更多的後代，雖然病毒還稱不上具有完整生命型態的結構，但是它含有一小段基因，這段基因侵入到生物體內的細胞複製他自己。因此，要能產生最多的後代，最好的策略就是與宿主和平共存，假如一傳染到新的宿主，就讓宿主死亡，這會降低傳染到下一個宿主的可能性，當然也降低了大量複製的機會。致死率高應該算是一個失敗的演化，因此，伊波拉病毒的死亡率降得愈低，表示病毒愈成功，愈有擴散的能力。」

A寶有點擔心：「那表示伊波拉病毒有可能像愛滋病毒一樣，變成廣泛性、大規模，一直與人類共存的病毒了？」

我搖搖頭：「不一定，目前沒有人可以確定。不過當疫苗與藥物試驗成功，伊波拉的疫情應該就能控制在一定的範圍。」

狂犬病不用過度恐慌

我忽然想起前一陣子狂犬病鬧得台灣雞飛狗跳的事情，問AB寶：「你們還記得二〇一三年七月，因為一隻鼬獾咬人，這隻反常不怕人的野生鼬獾被檢查出帶有狂犬病毒，而引起全台灣恐慌的新聞嗎？」

A寶回答：「當然記得，我們爬山時還很擔心路上的野狗咬人，鄰居還想找捕狗大隊把野狗全抓光呢！」

B寶也說：「媒體說狂犬病致死率百分之百，是真的還是假的？如果致死率那麼高，為什麼狂犬病毒從古至今都有，不像你剛才說的，致死率高的病毒反而會在演化中被淘汰？」

我點點頭讚許B寶：「好問題。狂犬病如果發病，致死率的確是百分之百。從古代有歷史記載以來，就有狂犬病毒，全世界各地一直有病例，可見得狂犬病毒還有其他的宿主，而這宿主還會跟人或狗或其他哺乳類動物有機會接觸，所以不時會傳染開來。」

停頓了一會，我繼續說：「媒體記者和民意代表沒有做好功課，才會引起全台灣老百姓那麼恐慌。記得那時候，因為人用的狂犬病疫苗儲備數量不符合民意代表的期待，政府被罵得很慘，甚至媒體整天報導，許多人要求打疫苗，真是庸人自擾。」

A寶不解：「被羅患狂犬病的動物咬到就有可能被感染，台灣又有那麼多野狗，為什麼預防性的打疫苗是多此一舉呢？」

我嘆了口氣：「台灣這五十多年來，沒有任何一個因狂犬病而死亡的人，而直到現在，中國大陸每年都有近千人死亡，美國也始終是狂犬病疫區，每年有近百人死亡，甚至台灣觀光客最喜歡去的峇里島，前些年也爆發流行，數十人得到狂犬病而死，但民眾到美國、到中國大陸，有先去打狂犬病疫苗嗎？其實全世界像台灣這樣，幾十年都沒人因狂犬病而死的國家，大概只有七、八個左右吧。」

B寶也有疑問：「怎麼會這樣呢？我們都不知道耶！媒體說得好像台灣淪為狂犬病疫區，非常危險的樣子。」

我笑笑說：「媒體的報導原本就比較誇張、聳動。的確，狂犬病如果發病，出現症狀，死亡率是百分之百，但是當你被羅患狂犬病的狗咬到，在二、三十天的潛伏期內施打疫苗，都還可以治癒。因為狂犬病毒開始是在肌肉內增殖，再從末梢神經往中樞神經慢慢擴散，速度非常慢，只要及時施打疫苗，幾乎百分之百會沒事。」

A寶更懷疑了：「那麼為什麼醫療科技那麼進步的美國，每年還是有很多人因狂犬病而死？」

我哈哈大笑：「這跟醫療科技無關，而是跟醫療衛生教育有關，知道被來源不明的野狗咬到，要記得去打疫苗的常識如果有，就不會有人因為狂犬病而死。美國與中國大陸地方太大、人太多，很多人不知道這個常識，被野狗咬到不當一回事，等出現症狀就來不及了。」

B寶恍然大悟：「所以狂犬病不需要預先打疫苗，事先準備太多疫苗是浪費資源了。」

我點點頭：「沒錯，有些疫苗很貴，又有保存期限，準備太多是浪費，準備不足若一下子大流行又怕不夠，所以該準備多少，應該聽流行病學家的專業意見，而不是民意代表隨便說了算。」

重建人體內的微生物平衡

A寶嘆口氣：「為什麼不時就有各種疾病出現？是媒體無事生非，還是真的如生態專家說的，因為人類數量不斷擴展，侵入原本與宿主共存的自然棲地，疾病就像電影裡的怪獸一樣，被迫現身？」

我拍拍手：「A寶說得好。但我們一方面不要太恐慌，另一方面也要警覺到我們正活在傳染病的新時代裡。」

停頓了一下，我才跟AB寶講出結論：「我們必須接受與微生物共存的事實。在生命演化途中，寄生正是細胞複雜化的起因，原本的寄生，最後往往演變成共生，形成不可分割的一體。由此往下擴展我們的視野，或許可以把人類看成一種包容性極廣的超級生物，目前人體內大概就有五百多種病毒，以及數千種微生物，共同形塑活蹦亂跳的我們。因此，健康並非是毀滅人體內所有的微生物，而是重建人體內適當的微生物平衡生態。

「若再往上拉大我們的視野，將地球當作一整個有機的生命體，人類的生態角色應該是一種疾病，甚至是一種癌症，是一種不斷危害整個地球生態平衡，又沒有回饋抑制機制的癌細胞。人類科技的進步和人口快速增加的壓力，不斷侵佔野生動植物的棲地，讓病媒從雨林逸出，甚至跨越物種的天然藩籬。每個我們改變的自然棲地，便會創造出新的生態系統，讓不同的物種進佔原來的空間。因此，對自然的掠奪，不僅給我們自己帶來危機，也留給後代子孫無窮的隱憂。」

對話之後：

我們曾經以為人類戰勝了傳染病，在抗生素、疫苗相繼發明之後，一九六九年美國醫藥署長曾宣布：「傳染病已經到了盡頭，流行病學的教科書可以收起來了！」當科學家們沉醉在無菌時代的夢幻時，許多新疾病已然悄悄出現，甚至舊疾病也反撲回來。面對自然萬物，要提醒孩子更謙虛一點，唯有秉持這樣的態度，才能懷抱好奇心，不斷探索這個複雜又神奇的世界。

09 3D 列印是工業革命還是一場夢幻？

這篇新聞，可以讓孩子學到：

3D列印是個美好的夢想開端。
目前的3D列印技術，
對於藝術設計或文創商品的創意發想，
是很好的工具。
只要是少量多樣，
材料強度的要求不是那麼高的，
3D印表機都足以發揮它的特色。

3D列印機早在三十年前就有了？

「哇！大四學生就能在網路募資平台募到五千多萬，成功開發出 3D 列印機，真是太神奇了！」A寶看著報紙新聞讚歎著。

「是啊！最近 3D 列印很夯，有一本書還提到這個發明將改變世界，徹底顛覆現在我們習以為常的教育方式、審美標準和知識產權。最棒的是，也能減少資源浪費和工業污染。」B寶以剛看過的書回應姊姊。

A寶繼續看著報導：「透過 3D 列印，過去得花一年時間蓋的建築，現在只要一天就能完成。人類若有移居外星球的打算，只要用太空梭送上 3D 列印機和建築材料，就可以在外星球印出一座公寓或城堡。它還可以列印食物、假牙、骨頭、關節、心臟、腎臟……哇！簡直無所不印。」

看 AB 寶姊妹倆說得如此興高采烈，我忍不住潑她們冷水：「假如那麼神奇的話，為什麼電子製造業大王、鴻海集團的郭董事長卻將 3D 列印批評得一無是處？還說 3D 列印若能造成第三次工業革命的話，他的姓就倒過來寫？」

AB 寶嚇了一跳，A寶問：「是不是當人人有了 3D 列印機，他的工廠就沒有生意了？」

B寶也不解：「也許3D列印現在還不成熟，但是科技進步得很快，就像智慧型手機一樣，當它普及後，真的就改變了全人類的生活方式。」

我笑笑說：「3D列印的概念的確很迷人，想像有這麼一台機器，可以複製任何東西，只要透過掃描，也就是輸入一些數值，它就能複製一個一模一樣的東西給你，簡直像哆啦A夢的百寶袋嘛！只可惜世界上沒有那麼美好的事情。3D列印機早在一九八六年就已經公開上市，只是當時的名稱沒有那麼炫，叫做『快速原型系統』，它是傳統製造業方法中的一種，稱為『積層製造』，也就是將材料用逐層堆疊累積的方式來建構物體。」

A寶問：「然後呢？為什麼那麼早以前就上市，卻到現在才這麼夯啊？」

我回答：「也許是美國總統歐巴馬在近年提出要振興美國製造業時，談到必須加強數位製造的研發，而3D列印就是所謂數位製造的代表。但我猜測，最主要的原因是3D列印的專利權在二〇〇九年到期，幾乎所有企業，包括個人，都可以很容易取得並使用這項技術；再加上台灣的電子零件、精密機械、材料科技、程式設計能力原本就很成熟，所以幾乎人人都可以製造出屬於自己的3D列印機。但是，你們想想看，3D列印最大的限制在哪裡？」

受限的材料，不受限的夢想

A寶有點不確定：「是不是使用的材料很有限？」

B寶補充：「一個物品的3D量測，或者將設計構想轉化成3D數據，我想也不見得一般人能夠做得到。」

我點頭稱讚她們：「說得不錯！一般物品的生產必須先做出模子，再依照那個模子來大量生產，而3D列印是所謂無模成型，最適合少量多樣且要求快速交件的物品生產。對於傳統製造業，做出模具是最耗時且昂貴的，可是模型一旦有了，就可以大量又便宜地複製。而3D列印最大的限制，的確是材料目前還非常有限。

「你們想想看，用粉末一層一層堆積成你要的東西，那些原始素材如何凝固成型？它的結構強度夠嗎？傳統模具通常是將要用的材料融化，不管是塑膠或金屬，然後利用機器的離心力或其他方法高速射出灌到模型裡，也就是運用高溫高壓來解決產品的硬度和結構強度的要求。目前3D印表機使用的材料是某類型的樹脂，這些樹脂利用特殊波長的光線或雷射照射，就會聚合硬化，所以能製造出的產品就非常有限，也會限制它使用的範圍。」

A寶有點失望：「所以什麼列印心臟，印出一棟公寓，都是噱頭了？」

B寶也說：「媒體把它視為新的工業革命，也真是太誇張了！」

我哈哈大笑：「或許以後能發現新的材料，就有更多的用途。不過，目前3D列印對於做藝術設計或文創商品的產業，倒是蠻好用的，尤其便宜的3D列印機對於個人工作室的創意發想，是個很好的工具。總之，只要是需要少量多樣，材料強度的要求不是那麼高的話，3D印表機都足以發揮它的特色。至於未來的可能性，誰又能知道呢？」

對話之後：

媒體的報導習慣誇張，往往不是太樂觀就是太悲觀，在新科技發明時特別容易犯了這個毛病。若當作奇聞軼事，聽一聽、笑一笑是無所謂，但若要當作學習參考的資料時，就不能媒體怎麼寫，我們就全盤接受。要利用自己的科學知識去判斷，或許這時候，中學時所學的物理化學就派得上用場。

第二部

孩子能正確理解，還是片面歪解？

10 原來並沒有瘋狗浪？

這篇新聞，可以讓孩子學到：

意外事件之後，
人們往往陷入恐慌，
而大多數的恐懼來自於無知。
我們對海洋的無知，
是否造就了國家、社會、學校與家庭
根深柢固的恐海教育？

浪是可以預測的

二〇一四年的夏天非常炎熱，氣溫屢屢創紀錄，放假的學生也渴望到溪邊或海邊消暑。

週末下午，當時暑假過後就要上大學的AB寶，從儲藏室搬出一個又一個大塑膠箱，尋找蛙鏡、呼吸管等浮潛裝備，準備隔天到東北角海岸，擔任荒野保護協會炫蜂團小朋友浮潛活動的志工。

姊姊A寶一邊檢查蛙鏡，一邊問我：「爸爸，二〇一三年十一月在東北角風景區，有好多人被瘋狗浪捲走而溺水，是不是離我們要去的地方很近？」

我點點頭：「沒錯，那次意外發生在地質公園裡的龍洞灣岬步道岩石平台，是社區大學所辦的步道美學課程的戶外活動，當時引起社會很大的關注。不過，你剛才說的瘋狗浪，其實並沒有這種浪喔！」

AB寶齊聲抗議：「怎麼可能！電視新聞這麼報導，報紙也這麼寫，連政府官員、學者也都這麼說，怎麼可能沒有瘋狗浪呢？」

我嘆了口氣：「如果以一般人對瘋狗浪的定義──『突如其來、不可臆測的大浪』，就學理而言，也就是以海浪形成的理論來說，所謂的瘋狗浪並不存在，

也沒有任何科學證據或資料能證實它的存在。因為所有的浪，發生與形成都是可預測的，沒有任何一個浪是忽然蹦出來的。」

AB寶還是半信半疑，不相信所有的媒體都亂寫。

我只好抬出專家來佐證：「記不記得五月初我們去花蓮，爸爸帶你們到鹽寮海邊的『蘇帆海洋教育基金會』找蘇達貞教授，也就是拖鞋老師？」

B寶說：「記得啊，他很多年前從海洋大學退休後，拿出他所有的退休金成立了這個基金會，從事海洋教育，鼓勵大家多接觸大海。」

A寶也補充：「拖鞋老師正在親手打造以人力划行的獨木舟，還打算用它來環遊世界呢，真酷！」

我興奮地點點頭：「不錯，拖鞋老師真是台灣海洋教育的國寶級人物，也是令人讚歎的奇葩。我剛剛講的，世界上沒有所謂瘋狗浪，就是他告訴我的。所有的浪都可以觀察與預測，不可能如媒體形容的『突如其來、毫無徵兆』。海面上要形成任何一個巨浪，必會在巨浪的前緣，有海水大量且快速地被後方的浪頭吸引，導致前方的海水水位急速下降；水位下降得愈多愈久，後方的海浪才有可能愈大。」

我停了一下，又繼續說：「就像海嘯來襲前，岸邊的潮水會退得非常遠。換句話說，超級大浪，也就是大家說的瘋狗浪形成之前，海面上的海水一定先有水位下降的現象，從事海邊活動的人，只要發現海水突然向外海急速退去，就可以預測接下來將有一個大浪沖擊上來。去年的意外，主要是侵襲菲律賓的海燕颱風所形成的大浪。所謂『無風不起浪』，長浪產生大概都來自於颱風，只是長浪行進速度比颱風快，也許颱風距離台灣還很遠，甚至也不會朝台灣而來，可是長浪就已經直撲台灣沿岸了。」

要瞭解大自然，不是害怕大自然

A寶搖搖頭說：「唉，這是理論啦！大家在海邊玩得興高采烈，誰會注意到海水退得比較多？」

我嚴肅地說：「每個到海邊遊玩的人，就必須要有這些基本知識，帶隊的人更要密切注意並觀察周遭環境的變化。去年暑假，拖鞋老師帶著爸爸的幾十個朋友到花東海岸划獨木舟，當大家一接近海邊，他就面向大海，眼睛一刻也沒離開過，一直等到全部的人安全上岸，他才將視線移走。我想，這是任何戶外活動主辦人應盡的職責吧！休閒遊憩活動，包括自然體驗都會有一定的風險，但是，絕大部分的意外除了輕忽之外，都來自於我們的知識不足。」

A寶同意我的看法：「不然像現在這樣，只要有哪個地方出了意外，就封閉不讓人去玩，真是因噎廢食呀！」

我為A寶鼓鼓掌：「沒錯！不過政府或相關管理單位會這樣做，往往是媒體或民意代表不分青紅皂白地批評、究責，在民粹的鼓譟下，官員只好多一事不如少一事，許多地方不准老百姓去玩，或者設置太多安全措施，比如蓋欄杆或圍牆，把自然景觀都糟蹋了！」

我想了想，找出一些資料，告訴AB寶：「挪威里塞峽灣有一座巨岩平台『講壇岩』，高度六百多公尺，近百年前，人們發現有條路徑可以登上岩頂，一路是大大小小的碎石與巨石坡，岩頂平台一側是山壁，另一側是垂直的斷崖，沒有設置任何人工設施與護欄，居然任憑遊客冒著生命危險遊走，只要稍一不慎，就會墜落崖底。可是每年數十萬名遊客到此，百年來幾乎沒有出事紀錄！」

我停了一下，繼續說：「又如紐西蘭，他們的海洋休閒運動人口與頻率，起碼是台灣的數百倍吧？但是台灣每年戲水事故的人數卻是他們的三倍。我想，這大概是我們長久以來對海洋的陌生與無知所致。」

B寶也呼應我的感慨：「我們到蘇帆海洋基金會拜訪時，拖鞋老師對大海的熱情與對海洋教育的使命，令人印象深刻。」

我也想起拖鞋老師所說的，海浪和潮汐是大海的呼吸，它有一定的韻律、一定的節奏。海洋中的海流，和陸地上的河流、人體的血液一樣，是海洋的循環系統，也有一定的路線、一定的速度。親近海洋的人瞭解她、敬畏她、喜歡她；不曾親近海洋的人，卻大都誤會她是變幻莫測、隱藏著危機、充滿神秘的。人類大多數的恐懼來自於無知，我們對海洋的無知，造就了國家、社會、學校與家庭根深柢固的恐海教育。

對話之後：

同樣的道理，我們在溪邊、山裡活動時，可曾先去瞭解這些大自然的知識？我們要瞭解大自然，而不是害怕大自然。我們要謙卑地接近大自然，才能享受大自然的美好，千萬不要因為活動的意外而阻礙了我們與大自然接觸的機會。

11

建立人脈要不要花錢？

這篇新聞，可以讓孩子學到：

同樣的一筆錢，對於不同年齡的人來說，價值是不一樣的。

許多人總是在錢的效用與價值最高的時候存下來，然後在價值最低的時候才使用。

而真正有用的人際關係，往往不需要花錢，是你有好的人緣，大家喜歡你、信任你或敬重你。

戴董的五萬元說有道理嗎？

王品集團董事長戴勝益先生在中興大學畢業典禮演講時提到，月薪若低於五萬元，千萬不要儲蓄，甚至還要跟父母伸手再多要些錢。這番言論引起軒然大波，許多家長都深不以為然。

A寶唸著新聞報導：「他還強調，理財書建議年輕人無論如何要存款，其實都是錯的。」

我拉了張椅子坐到她們旁邊：「你們說戴董事長的意見是對還是錯？」

AB寶猶豫了一下，B寶取巧地說：「看情況，不一定是對或錯。」

A寶也跟著說：「不能斷章取義來下結論，要看錢怎麼用。」

我讚許地點點頭，再問她們：「同樣的一筆錢，對於不同年齡的人來說，價值一不一樣？」

AB寶知道我這麼問，答案一定是不一樣，雙雙搖頭。不過我再追問：「哪裡不一樣？」她們就一臉茫然。

我告訴她們：「很多年前，曾擔任過台大校長與國防部長的經濟學家孫震先生，就曾經講過跟戴董事長類似的話，他感慨許多人總是在錢的效用與價值最高的時候存下來，然後在價值最低的時候才使用。比如說，假使給一個大學生十萬元的獎金，隨意讓他使用，相信他創造出來的價值或對他往後人生的影響，一定大於將十萬元給一個五十歲或六十歲的人。或者更極端一點來講，給一個大學生八十萬元，如果他能善加利用在學習上，一定比一個七十歲的人存款裡多了八十萬，來得有價值多了！」

A寶沉吟著：「沒錯，戴董是用比較簡單的方法來說，的確他強調月收入不足時，應該拿來拓展人際關係，累積資源。」

B寶插話問：「拓展人際關係有那麼重要嗎？」

不花錢的人際關係

我笑笑回答：「我想這是善加利用錢的方法之一吧。戴董事長在演講中也另外用筷子作了比喻，他強調，無論自己多厲害，倘若別人不跟你配合，家世學歷再好都沒有用，只剩一根筷子什麼都做不好。他也是藉此想提醒，年輕人不要宅在家裡，每天掛在網路，要多出門到真實的世界體會與歷練。」

A寶故意找毛病：「在網路上也可以認識很多朋友啊，搞不好更有效率，可以認識更多朋友！」

我不禁哈哈大笑：「你說得對，但是網路上的朋友跟你在真實世界認識的人，一個你可以看得到、有溫度的人，的確是大不相同的。因為人這個物種，還是必須透過真實的接觸來建立關係與合作。記得二十年前，通訊科技發展的初期，剛剛有了視訊會議的技術時，很多公司推動在家工作的制度，不過沒多少年，絕大部分又恢復到公司上班，每個人可以直接面對面地聊天講笑話。而且人類的溝通，還藉助於許多非語言的互動，這些都是在虛擬的網路空間做不到的。」

B寶想到自己的經驗：「我們很少用臉書，也不用手機跟朋友聊天，可是我們還是從參加活動中交到很多好朋友。」

A寶吐槽B寶：「小氣的妹妹與朋友聚會，也都不會花到錢啦！她都找大家去美術館或博物館看展覽，或者騎 Ubike 逛河濱自行車道，不然就是爬山。」

我點點頭：「的確，我也認為到公益團體擔任志工，認識的夥伴比較容易變成一輩子生活上的好朋友，因為會當志工的人，都是很熱情、很良善的，值得我們交往。參加公益活動也不太需要花錢，所以有錢沒錢，並不是建立人脈的必要條件。」

B寶又想到戴董事長的苦口婆心：「人際關係這麼重要嗎？」

我嘆口氣：「我不太喜歡用『人際關係』這個名詞，這好像是鼓勵你跟別人交換名片，比賽認識了多少人。其實真正有用的人際關係，是你有好的人緣，也就是大家都喜歡你、信任你或敬重你，當他們有困難或有需要時，知道你願意幫忙，也幫得上忙，或者你有需要或遭遇困難時，朋友願意幫忙。這種人際關係才是真正有用的人脈。」

AB寶靜下來，似乎在思索著我的話。

對話之後：

一定要趁年輕時多充實自己，許多學習的機會不一定會花到錢，就像結交好朋友也不一定要去餐廳吃大餐一樣。不過，如果真有一些我們很想參與、也很有益處的活動，也不要因為必須花錢而排斥。孫震教授說的話很有道理，錢的價值來自於我們好好地善加利用，否則，錢不但不能使我們幸福快樂，反而會帶來災難與痛苦。

12 台灣的未來會是又少又老又窮？

這篇新聞，可以讓孩子學到：

台灣即將面對三大挑戰，
第一個是再十年左右，
人口結構大幅改變；
第二個再二十到三十年左右，
是自然資源的匱乏，
包括糧食、能源以及各種礦產的耗盡；
第三個大約五、六十年後，
全球暖化導致的氣候變遷，
將面臨關鍵性的臨界點。

「爸爸，是不是媒體又在恐嚇我們？說台灣的未來世代，將會又少又老又窮？」A寶看著報紙上的大標題問我。

我嘆了口氣：「我想恐怕不是。這篇新聞稿是來自台灣最高的學術單位——中央研究院的一份研究報告，這份報告還被刊登在全世界最頂尖的學術期刊上，主要是探討各個國家目前的實際生育率，將會如何影響未來的生活。」

B寶插話問：「生育率？是不是台灣已經喊了十來年的少子化啊？」

我慎重地告訴她們：「最近這兩、三年，我在演講有關永續發展或環境議題時，最後都會提醒大家，要傾全力為台灣即將面對的三大挑戰預作準備。第一個是十年左右會來臨，就是這篇研究報告所提到的人口結構改變的影響；第二個挑戰大約再二十到三十年左右，我們必須面對自然資源的匱乏，包括糧食、能源以及各種礦產的耗盡；第三個挑戰，是現在就可感受到的，因為全球暖化導致的氣候變遷，情況如果沒有改善，也許大約五、六十年後，就會面臨關鍵性的臨界點。」

A寶把討論主題拉回人口問題：「奇怪？以環境保護的觀點來說，不是一直主張人類的數量太多，已經危及地球的生態與其他物種嗎？人少是好事不是嗎？」

我點點頭讚許A寶：「沒錯，以全世界長遠的角度來看，地球的人口的確太多；但若以個別區域或國家來說，人口結構的穩定，包括出生率、死亡率，以及不同年齡層的人口比例，應該有一個最適切的分配比。台灣過去幾十年大量人口出生，之後隨著科技進步與生活水準提高，民眾壽命不斷延長，再加上這十多年來許多人不生小孩，使得老人愈來愈多，年輕人愈來愈少。」

B寶回應：「我記得爸爸說過，以前你讀老松國小時，全校有一萬多人，現在只剩六百人不到。」

我感慨地說：「爸爸出生的年代，台灣婦女總生育率是七個孩子，也就是統計十五歲到四十九歲的婦女一輩子所生的子女數，連續幾年是全世界第一。近些年卻降到一個左右，已連續多年是全世界兩百個國家中最低的生育率。也就是說，台灣從全世界最會生的變成最不愛生的社會。

「雖然少子化或高齡化，是許多國家都必須面對的挑戰，但是台灣因為改變速度太快了，就令人非常擔心。目前來說，大約是六、七個有工作賺錢繳稅的人口撫養一個沒有工作的人；兩年後（二〇一七），也就是你們大學畢業前，是五個口撫養一個；等到再過十年（二〇二五），是每三個工作人口撫養一個。全社會的負擔是現在的一倍以上，或者說，每個人分配到的經濟與資源，只剩如今的一半。」

二〇二五年後的超高齡社會

A寶驚呼：「怎麼會這樣？」

我仔細分析給她們聽：「人口結構改變不只是學校班級人數減少，老師沒有工作的問題而已，除了各行各業，所謂經濟活動產業種類的改變之外，其他如安養機構或住家硬體設備的改變，都必須因應大量老年人的需求而調整。

「二〇一一年，台灣六十五歲以上的人口已超過二百五十萬，佔總人口數的一一%（老年人口超過七%是所謂高齡化社會，超過一四%稱為高齡社會，達到二〇%是超高齡社會）；若加上少子化影響，兩年後，也就是二〇一七年，台灣將進入老年人口超過一四%的高齡社會；甚至十年後，也就是二〇二五年，即將進入老年人口逾二〇%的超高齡社會。高齡人口從一〇%躍升到二〇%，法國經歷了七十六年，美國是六十三年，台灣居然只有短短十九年，因應期實在非常短，每個家庭或政府恐怕來不及做好組織結構調整的準備，因此我們要非常努力。」

B寶問：「怎麼努力啊？」

我想了想：「趁著還有資源的時候，投資安養與照護機構的設立與人才培育，同時也要讓現在的年輕人更有競爭力，因為未來每個工作人口創造出來的產值必須比現在高二、三倍，我們才能維持今日的生活水準。」

A寶立刻打槍：「怎麼可能？如今全球化競爭這麼激烈，薪水多少年都沒有漲，怎麼可能經過十年，我們的產值就會加倍？」

我點點頭：「那麼只好延後退休年齡，或者降低退休後政府必須支付的老人年金或退休金，也就是整體的社會福利措施勢必會縮水。更麻煩的是，當政府的財政有問題時，也只能跟工作人口徵更高額的稅金。其實這是一種世代不公平，現在二、三十歲的年輕人，繳了數十年的勞保費、健保費，恐怕還沒等到自己退休，財政就崩潰了。」

A寶開始擔心了：「那怎麼辦呢？」

我想了想：「工作人口不足，許多國家的做法是開放外國勞工進來，但是當國內的經濟成長停滯，也沒有足夠的工作機會，不要說引進外勞，連我們自己也許都只能流落到外國工作，賺外匯讓家人得以存活。我們從菲律賓多年來的勞工輸出，或者希臘因為老年高額退休金導致政府破產，社會公共服務體系幾乎整個瓦解，都可以做為殷鑑，台灣千萬要避免走向那種情況。」

B寶也很擔心：「這麼多年來，大家都說要創新，要產業升級，要轉型，但是一直都做不到，將來要做到也很困難吧？」

A寶也附和：「爸爸也講過，全球化的高度競爭之下，不管是資金、生產線，都是大者恆大，優秀人才也會被高薪挖角，那麼台灣還剩下哪些優勢？」

我想了一下：「沒錯，台灣過去經濟賴以成長的條件，都陸陸續續被其他國家取代，尤其往後這些年，台灣鄰近的東南亞國家，如高棉、柬埔寨，會釋放出千萬計的勞動人口與我們競爭，看來我們必須改弦易轍，找到新的利基。」

我停了一下，拋出一個新觀點讓AB寶思考：「我們都說台灣最美的風景是人。沒錯，台灣本來就是多元文化、多元種族共同生活的場域，再加上好山好水，宗教與靈修的文化精神根基也非常深厚。

「你們想像一下，是不是可以讓台灣變成全世界企業家或努力工作的白領階級，在一生拚鬥賺錢之後，一個身心安頓的心靈居所？不見得真的要退休移民到台灣，而是到台灣 long stay，每年來長住三個月或半年，不管是調養身心，追求宗教的慰藉，甚至只是來吃生機食物恢復健康，都可以帶來比休閒旅遊更大的產值，而且可以吸納非常多的就業人口。這些可算是超高級的服務業，更棒的是，這些新經濟模式不只不會汙染環境，還能促進整體社會的幸福感。」

談到這裡，ＡＢ寶焦慮的神情中總算浮現微笑。真的希望現在的年輕人能找到自己可以獻身與努力的志業，笑著迎向未來。

對話之後：

我們都知道，未來不再只是現況的延伸，形成整個產業與每個人生活方式改變的典範轉移，速度是愈來愈快。不管對個人、社會或國家而言，一定要瞭解趨勢，未雨綢繆，並且保持彈性，不斷學習。不必太擔心，但要認清現況，找到自己可以努力的著力點。大人要先拋棄過去的認知與價值觀，重新學習，才能給孩子適當的引導。

13 大問題小問題，解決問題或製造問題

這篇新聞，可以讓孩子學到：

每一個大問題，
都已經被比我們聰明的人思考過無數遍。
如果一個問題依舊是問題，
那代表它難到無法全面被攻破。
平凡如我們，力氣最好放在
一步一步改善自己能力所及之處，
或許反而能發揮蝴蝶效應呢！

蘋果和橘子

孩子上大學之後，為人父母雖可卸下大部分的教養工作，因為他們基本上已經是成年人，必須為自己的人生負責，但是在放手的同時，父母仍應該陪伴他們一起去思考：如何看待這個世界，採取何種態度回應這個世界。我不希望孩子真摯的理想與純真受挫後，變成憤世嫉俗的年輕人，也不願意孩子變成又功利又世俗、趨炎附勢的人；如何取得一個平衡點，也是我在她們高中學測之後，仍持續用社會新聞跟她們一起討論的原因。

冬天難得出太陽的假日午後，剛巧全家人都沒有活動行程，我們就在住家後山步道散步，有機會好好聊天。

我問AB寶：「你們知道為什麼爸爸媽媽很少像電視裡的名嘴，或報紙的政治新聞一樣，對政府的政策東罵西罵的嗎？」

B寶很快回答：「知道啊！你以前就跟我們說過，我們不是當事者，事情背後還有許多考量與顧慮，許多沒被報導的事實，以及相關體制法規是不是有限制，我們都不清楚。若只從片段的表象去評斷，是危險的，也對當事者不公平。」

A寶也補充：「許多人都故意挑毛病，唯恐天下不亂。我們以前也討論過，現在的網路互動即時，訊息爆炸，只有這種『語不驚人死不休』的言論會被注意與傳播，而複雜的思考與言論，在『輕薄短小』為主流的行動裝置中，沒有立足的空間。」

我點點頭：「即便那些故作客觀的評論者，所提出似乎言之成理的解決方案，其實若真的實施了，搞不好製造出來的問題會更多。很多時候我們會認為許多問題來自於那些掌權者，要嘛怠惰不做事，要嘛愚昧無能，更等而下之的是為了利益別有用心。」

我停了一下，繼續說：「這些年非常暢銷的《蘋果橘子經濟學》的作者，就曾經提醒大家，每一個大問題，都已經被比我們聰明的人思考過無數遍。如果一個問題依舊是問題，那代表它難到無法全面被攻破。這樣的問題難以應付，複雜到令人絕望，充滿著牢不可破、人人利益不同的各種誘因。當然，也許世界上有真正傑出的人能夠解決大問題，除了擁有大智慧之外，又有絕對優勢的大權力，若有這樣的人，當然要想辦法解決大問題；其他的人，平凡如我們，力氣最好放在一步一步改善自己能力所及之處，在這個傳播迅速、連動複雜的時代，或許反而能發揮蝴蝶效應呢！」

A寶忽然插話：「教育改革是不是就是你說的大問題，複雜到無法透過制度

或法律來解決?」

我哈哈大笑:「說得好,永不止息的教育改革。不只台灣教改了二十多年,還是沒有一個人滿意,其實全世界所有國家也不斷在教改,改了又改,解決某個問題,結果又產生新的問題。」

B寶問:「可不可以舉個例子?」

看看美國的教育改革

我點點頭:「經過漫長的討論之後,美國在十多年前開始進行大規模教改,一舉希望從源頭改變美國的教育現況,這項在二〇〇二年生效的法律,有人稱為『有教無類法』,立意備受稱讚,崇高與良善的目標就是不放棄任何一個孩子。大概就是因為關心教育的有志之士,看到家長或學校老師只在乎成績好的學生,往往放棄那些學習成績不佳的孩子,任其自生自滅,甚至中小學畢業後,連最基本的聽說讀寫能力都沒有。因此,聯邦政府規定,要求全美國的中小學拿到政府補助經費的條件,就是全校不能有成績沒達標準的孩子,也就是學校一定要讓每個學生都具有基本的能力。」

A寶說：「這很好啊！很有教育良心的立法。」

B寶卻不以為然：「其實這也是學校應盡的責任，不是嗎？」

我點點頭：「沒錯，這個目標相信沒有人會反對。但是問題來了，當你要執行目標，確保每一個學校都能讓每一個孩子具有基本的能力，該怎麼檢視？」

A B 寶想了一陣子，不太清楚我的意思。

我繼續引導她們思考：「以前我們評斷一個學校辦學好不好，是不是看那所學校有多少學生考上好高中或好大學？學生參加各種競賽的優勝人數是不是很多？而不會去問他們的學生有多少人不會拼字，不會加減乘除？所以，學校當然只會盡量栽培好學生而不管成績差的人。若是你想翻轉老師的價值觀，確實有效地達到你的目標，該怎麼做？」

A寶回答：「用法律規定。」

B寶補充：「改變制度，並且有獎懲當作誘因。」

我回答：「沒錯，這也就是美國要用聯邦立法規定的原因。不過如何檢視學校有沒有照顧到每個孩子？換句話說，我們怎麼知道每個孩子都能在學校學到基本的能力？」

A寶恍然大悟：「考試！當然是透過考試來瞭解每個孩子的程度。」

我點點頭：「正是如此，因此美國法律規定，所有公立中小學的學生都要進行學力測驗，若有一定百分比的學生沒通過，學校就必須接受督學來輔導，若沒改善，扣減經費，再沒進步，校長老師必須全部被撤換，也就是學校必須關門或換人經營。」

AB寶哇了一聲：「太酷了！」

我搖搖頭：「如此一來，在教學現場會產生什麼結果？」

A寶大笑：「學生有沒有學會，老師比學生還緊張。」

B寶也覺得不可思議：「那麼，是不是老師的心神全部放在那些成績落後的孩子，反而沒辦法管到那些優秀的孩子？」

我嘆了口氣：「上有政策，下有對策。首先，老師會不斷地考試，變成一切教學都只為了考試，好讓學生能順利通過檢測。州政府為了幫學校爭取經費，考試的評量標準愈訂愈低，出的題目愈來愈簡單，甚至學校老師幫忙學生作弊，因為學生若考不好，受影響的是老師的飯碗。」

A寶若有所思：「這真的是一個良善的動機卻造成的大災難啊！」

我回應A寶：「沒錯，目前美國還受困於教改當年所訂的法律呢。就像我們當初教改的訴求——廣設大學，如今也形同台灣的大災難，尚未解決。」

B寶問我：「台灣還有沒有其他的例子？」

我點點頭：「多的是。比如有立法委員爆料，高職學生被建教合作的工廠當成廉價勞工，甚至童工、奴工般地被剝削。結果教育部立即從善如流，立法規定高職學生實習的工作時段、工作時數與待遇，幫學生爭取合理的福利。」

B寶說：「這是應該的，早該這麼做的嘛！」

我笑笑說：「話是沒錯，可是有些工廠或實習單位的工作型態、需求等無法符合法規，比如美髮業，就是晚上工作；也有的工廠無法付出實習薪水，認為你根本不會，我還要花時間來教你，工作效率這麼差，又要拿這麼多錢，根本不敷成本，乾脆雇用合格的勞工還來得划算，所以就取消與學校的建教合作計畫。據估計，有好幾十所學校因此停止招收高職學生，因為無法幫學生找到建教合作的機構。」

A寶驚呼：「怎麼會這樣？」

我繼續說：「不久之前，教育部也研擬草案，規定大學生若兼任老師的助理，必須享有勞健保和其他基本權益，學校被迫增加很多成本，結果連預算最充足的台灣大學與成功大學都表示，若依規定，下個學期恐怕會少聘請百分之四十左右的研究助理。你們看，馬上就有將近一半的學生喪失工讀機會，老師也無法培養能幫忙做研究的學生。」

AB寶安靜下來思索著。

我繼續說：「對於勞工最低薪資的規定，對於派遣員工的福利保障……許多良法美意，在實施之前都必須謹慎考慮與廣泛討論。當我們做任何決定或意見表達時，不能只憑這一件事本身來看，而要看長遠的影響。」

B寶又追問：「有沒有例子？」

我沉吟著，最後決定舉稍具爭議的例子：「最近台北藝文界呼籲並連署，同時遊說政府將台北信義計畫區內的藝文表演廳『新舞台』保留下來。當然，所有人都希望在那充滿華宅與辦公大樓的區域留有一個藝文空間，但問題是，那個土地是私人財團的，他們可以不管營運成本提供給藝文表演，當然也可以處理變賣他們的私人財產。結果輿論反而批判他們，甚至政府也順應民意不准他們變賣。當然，在如今社會有點反財團的氣氛之下，認為財團只顧私利、不顧社會公益是不道德的，但是當這件事發生之後，以後大概不會再有財團做這種搬石頭砸自己腳的傻事了！」

對話之後：

我很欣慰地看著AB寶正在思考的神情，希望她們瞭解這個社會遠比我們表面看到的複雜，我們不能只憑理所當然的正直或道德來要求別人。除了瞭解事情會牽動影響的層面之外，還要學著做一個有技巧、有能力的人，避免成為把一件好事搞砸的人。

這篇新聞，可以讓孩子學到：

紐西蘭、澳洲率先與台灣
簽訂了一項雙邊打工度假的計畫，
只要申請工作假期簽證，
就可以到澳洲或紐西蘭邊打工、邊度假。
這是專門為年輕人所規劃的工作假期，
鼓勵出國開拓眼界，
用打工的方式賺取旅費，
實現探索世界的夢想。

「這本雜誌怎麼這麼寫？把去澳洲打工度假的年輕人貶低稱為『台勞』？」A寶看了某週刊的封面報導後憤憤不平。

B寶也回應：「是嘛！我有學姊去打工度假，都說學到很多東西，對人生也有很多體會呢！」

我聽到她們的對話，也插嘴：「沒有錯，肯到國外打工順便度假以增廣見聞，是一件值得鼓勵的事，這能培養目前年輕人欠缺的勇敢冒險精神，而當我們願意離開自己的舒適圈，比較容易回過頭來反省或檢視自己的人生。這幾年台灣陸續與許多國家簽訂學生與年輕人打工度假的協定，只可惜外國學生來台灣打工的人少，台灣年輕人到澳洲、加拿大打工的人多。」

A寶還是對週刊的封面報導有意見：「為什麼雜誌要用這麼負面的角度來報導呢？」

我哈哈大笑：「所謂『語不驚人死不休』，為了銷售，為了引起注意，這不是與時下許多年輕人在網路上用誇張、謾罵的語氣來評論事情是一樣的道理嗎？而且真的達到效果，引起全社會普遍的注意，因為『台勞』兩個字，牽動了許多人內心的隱憂，擔心我們國家是不是逐漸喪失競爭力？長期低薪又欠缺工作機會，我們是不是會淪落到國外當勞工的處境？」

ＡＢ寶兩姊妹一邊看著報導，一邊商量著上大學前的漫長暑假，是不是要答應朋友的邀約，到中南部的民宿去體驗打工換宿？

媽媽在旁邊聽到了，忍不住插嘴：「我覺得如果只是為了節省住宿費，卻花費寶貴的時間去打工，不如媽媽贊助旅費，讓你們到台東去幫偏鄉孩子蓋圖書館。」

媽媽一邊說，一邊找出剪報：「有二百六十個人每人花一萬元到台東做志工，幫忙蓋房子。如果打工換宿只是希望能順便旅行，不如當志工，做點有意義的事。」

我怕媽媽壞了ＡＢ寶的興致，連忙打圓場：「做志工當然很好，打工換宿也是不同的體驗與學習，反正你們假期很長，都可以嘗試看看。」

Ａ寶看著剪報，一邊也吐媽媽的槽：「人家活動都辦完了，我們要參加也來不及了。」

Ｂ寶也問：「這種自己花旅費去當志工的活動，我們從小在荒野保護協會參加過的許多活動，不也都很類似嗎？」

我點點頭，為B寶按個讚：「沒錯，這種花自己的休假時間、自己的錢去當志工，特別是一些勞動性的工作，現代有一個很夯的名詞，叫做『工作假期』。」

AB寶同時說：「我們都聽過。」

我繼續跟她們解釋：「『工作假期』的概念雖然這些年才在台灣流行，其實它起源於將近一百年前，也就是第一次世界大戰剛結束，法國境內有許多農村的房舍遭到嚴重破壞，於是一些法國、德國的年輕人組織了工作隊，協助這些農民重建家園。之後，這種利用自己的休假，義務幫特定對象來服務的工作假期，就逐漸在全世界流行起來。」

在休假時工作，在工作中休假

A寶感慨：「好奇妙喔！工作的相反是休假，想不到卻能夠彼此連結。」

B寶像玩拼字遊戲般喃喃唸著：「在休假時工作，在工作中休假！」

我哈哈大笑：「沒錯，這就是現代人的矛盾，尤其對那些平常坐辦公桌，或整天對著電腦工作的白領階級和中高階主管，放假時有機會做做工，勞動勞動身體，同時有那種做好事的價值感，真的比花錢到度假村、遊樂場，更能夠消除上班所累積的精神壓力呢！」

A寶忽然想起來：「我記得荒野濕地庇護站的德鴻叔叔講過的笑話，他說，有一次志工們在陽明山國家公園的夢幻湖裡工作，復育台灣水韭，有個穿著入時的媽媽帶著孩子路過這群全身泥濘的『工人』旁，對著孩子說：『你看！不好好讀書，就會像他們一樣，下田工作弄得全身髒兮兮的！』實在太好笑了，這群志工裡很多可都是大老闆耶！」

我也忍不住邊笑邊說：「有一次我帶著公共電視攝影團隊，到新竹採訪竹蓮寺食蟲植物的復育區，主持人就很感慨，怎麼會有那麼多傻子，每個星期花半天的時間趴在地上，用手一根一根地拔草？不能用工具，以免把珍貴的食蟲植物當作雜草給除掉了。這些志工有八成以上是在科學園區或工研院任職的博士呢！」

B寶回到原來的話題：「這兩年很多學長學姊到澳洲打工，好像也叫做工作假期？」

我點點頭：「沒錯！前些年紐西蘭、澳洲率先與台灣簽訂了一項雙邊打工度假的計畫，只要申請工作假期簽證，就可以到澳洲或紐西蘭一邊打工、一邊度假，這個簽證有年齡限制，最長可停留一年。這是一個專門為像你們這樣的年輕人所規劃的工作假期，主要是鼓勵你們出國開拓眼界，用打工的方式賺取旅費，實現探索世界的夢想。」

A寶有點困惑：「所以名稱都是『工作假期』，但是跟我們剛剛說的有點不一樣？」

我回答：「的確，荒野保護協會或其他公益團體舉辦的工作假期，是志工服務的一種；而邊打工邊度假的工作假期，比較像是打工換宿，也就是用個人的勞動換得個人所需要的住宿或工讀金，然後在打工之餘順便旅行。這兩者原是不太一樣，不過現在有些民宿或單位提供的打工換宿機會，工作內容也蠻多是有公益性質的。比如這間民宿想提供資源，為在地社區或當地的自然生態環境做點事，所以號召民眾來幫忙，他們則免費提供住宿與餐點，這就與公益團體所舉辦的內涵差不多，都是盡己之力為社會義務做點事。」

最後，媽媽做結論：「你們多蒐集一些資料，仔細看看工作內容，最好能兼顧到公益性質，也能學到一些新東西，同時還能認識其他志同道合的新朋友的打工住宿。」

AB寶吐吐舌：「是的，我們報名前會先讓你審查的。」

對話之後：

至二〇一五年元月為止，台灣共與十三個國家簽訂打工度假協定，除了紐西蘭、澳洲之外，還有加拿大、德國、比利時、匈牙利、韓國、愛爾蘭、英國、日本、斯洛伐克、波蘭和奧地利。我覺得應該鼓勵孩子跨出舒適圈，到外面闖一闖，那些汗水、淚水，都會是成長過程中最棒的養分。

15 如何分辨網路的假訊息？

這篇新聞，可以讓孩子學到：

要辨識訊息正確與否最簡單的方法，就是看訊息的來源。

任何我們想轉述或傳遞的訊息，就要盡量做到像專業記者一樣，去求證，去做功課，甚至去詢問專家或擁有第一手經驗與資料的人，

當然，也要用腦袋思考，用一般常識來檢視。

「太厲害了！一名高中生利用午休時間買賣股票，居然賺了二十億台幣！」

B寶看到一則外電報導，很是讚歎。

A寶回應說：「這是一則錯誤的消息啦！雖然不是捏造出來的，真的有記者聽到傳聞去採訪這名高中生，但真相是，這名高中生只是在學校社團玩虛擬的股票交易。」

B寶覺得無法置信：「可是怎麼這麼多媒體轉載？」

我插一腳討論：「這還不是最離譜的。網路上太多捏造的、虛實難辨的訊息，雖然古人說『有圖為證』，可是如今電腦合成照片的技術愈來愈進步，有時連專家都無法辨識照片的真偽呢。」

A寶提供觀察心得：「有很多人轉傳的醫藥新知或保健小常識，其實都是捏造的，所以也有流言追追追的網站，專門破解這些似是而非的消息。」

B寶很感慨：「為什麼會有這麼多造假的新聞啊？」

A寶回答：「有些是惡作劇，有些是為了某些利益而故意捏造的，像二〇一四年六月判刑確定的『台灣三星寫手門』事件，台灣三星公司雇用寫手，在網路上PO文抹黑宏達電的手機，同時假裝消費者讚美自家產品。其實這種手法還蠻常見的，幾乎所有商品都會假借消費者之名進行網路行銷，有許多知名部落客寫文章推薦什麼餐廳、什麼產品，搞不好背後都有拿廠商的錢呢。」

我附議A寶所說的：「姊姊說得好，不過也有一些人轉傳假消息，只是沒有經過大腦思考。唉，這個時代每個人每天接收到太多資訊，我們已經失去辨別的能力，更懶得去求證。」

B寶還是覺得不可思議：「可是許多大媒體也曾報導有問題的新聞，難道現在的記者也不再求證了嗎？」

A寶幫記者說話：「我想或許是他們太忙，時間太趕，現在都要求即時新聞，既然講求即時，就沒有時間讓你慢慢去求證了。」

我搖搖頭不同意：「我覺得記者應該要負起把關的責任，同時每一條新聞在報導前，也要用點腦筋想一想，至少也要用常識判斷一下嘛！像那位投資股票賺到二十億的高中生，若說中樂透或賭博贏那麼多錢還有一點可能，但買賣股票怎麼可能？

「就像不久前曾公布一個數據，說台灣每人平均一年花一千四百元買書，但同時又說，台灣人平均每年讀二本書。這兩個數據一定有一個是有問題的。一年花一千四百元，起碼可以買五本書左右，因為書籍定價平均是三百元。當記者報導新聞時，必須對新聞來源所提供的訊息多一分懷疑、多一些追根究柢的好奇才對。」

訊息來源要值得信任

A寶想到：「其實不只是網路的報導常常有問題，連一些著名的學術期刊也常被呼嚨，這幾年世界各國不是都有學術論文造假的消息嗎？」

B寶也感慨：「除了台灣的教育部長因為掛名造假的論文而下台之外，日本的幹細胞論文的醜聞，還使得那位指導教授自殺謝罪呢！為什麼理論上應該非常嚴謹的科學研究，也會發生造假的行為呢？」

我聳聳肩回答：「科學家也是人啊！利令智昏，當製造假數據很有可能矇騙過關，且獲得立即的金錢或職位升遷的回報時，誘惑是很難擋的。我更擔憂的是，現在已有太多研究者接受廠商的贊助，透過實驗樣本的選取與設計特殊的條件，做出有利於那些廠商產品的研究結論。你們沒發覺滿坑滿谷有問題的健康食品，哪一個不是附上知名大學教授的研究報告當佐證？」

B寶有點沮喪：「那該怎麼辨？我們如何信任一則報導或研究呢？」

我回答：「所謂信任，比較像一種人際關係，跟可靠有點不一樣。我們可以說這個新聞可不可靠，這個研究可不可靠，但我們會說我信任這個人。當然，信任應該有附帶條件，是我們經過思辨與個人經驗後的行動。」

A寶聽得一頭霧水：「可不可以說得具體一點？」

我笑著點點頭：「我們要看發這訊息的人或單位值不值得信任。過去大媒體或知名記者會做求證，就是深切體認到個人的品牌與民眾的信任度建立很不容易，所謂『珍惜羽毛』的意思，所以要辨識正確與否最簡單的方法，就是看訊息的來源。」

A寶繼續問：「然後呢？」

我回答：「可能的話，我們也要像專業記者一樣，去求證，去做功課，甚至去詢問專家或擁有第一手經驗與資料的人，當然，也要用腦袋思考，用一般常識來檢視那些故意用複雜的專有名詞或令人搞得頭昏腦脹的技術用語來包裝的論點。」

B寶說：「若是看到每一則消息都要這麼麻煩，一天二十四小時哪夠啊？」

我做了個小結論：「對一般消息看一看、笑一笑就可以了，但是任何我們想轉述或傳遞的訊息，就要盡量做到剛剛提到的步驟，這是建立自己的公信力，也就是值得被信賴的品牌名聲。還有，對於自己長期關心、有興趣或跟自己所學有關的訊息，也要多花一點時間去辨別是非對錯，以免不知不覺被影響了。」

AB寶吐吐舌頭，覺得似乎很不容易，但是當網路世界已經變得如此虛實不分的時代，我們別無選擇，只有自力救濟了！

對話之後：

我提醒孩子要建立自己的公信力，尤其現今我們在網路上發表的任何意見，我們轉傳過的訊息，我們所按的『讚』，都會被記錄下來。今天隨意發表的批評，任何未經求證的評論，過了五年、十年後，會不會對自己，或對我們的家人朋友帶來無謂的困擾？這是網路時代的新課題。

16 說說民主與獨裁

這篇新聞，可以讓孩子學到：

民主國家常常會陷入
明明每個人都知道該怎麼做，
又好像什麼事都推不動，
更麻煩的是好像沒有人能夠負責，
又好像每個人都該負責。
合議制集體領導的另一種思考是，
集眾人的智慧，
施政可以不偏頗，
宗旨目標也得以穩定不走調。

民主、獨裁之外，還有集體領導

元旦假期接連幾天都是難得的好天氣，AB寶邀約從小跟她們一起長大的朋友CD寶來家裡玩。CD寶是我老朋友的孩子，跟AB寶年紀差不多，她們與AB寶一起玩的時候，常自稱是C寶D寶。

她們互相交換著共同認識的朋友的最新訊息，一邊查閱著臉書裡的資料。曾經偷偷從中部跑到台北參加太陽花學運的D寶，批評臉書的創辦人祖克柏（Mark Zuckerberg）：「他學中文若是為了到中國演講也就算了，還要求全公司的員工看中共頭子寫的書，這就太過頭了吧！幹嘛為了賺錢，這麼低聲下氣地討好那個獨裁政權啊！」

在香港大學讀商學院的C寶比較中立：「中國大陸的政府的確比較強勢，又管控媒體很不民主，可是他們也把經濟搞得很好啊。台灣十年前都還樣樣領先，可是現在幾乎所有領域都被他們趕過去了。」

D寶嗆回去：「在那種獨裁國家，賺再多錢也不會令人尊敬。」

我看她們談得熱烈，也加入討論：「其實不只是臉書創辦人阿諛中國，最近有很多國際知名學者也對他們的政治制度與領導方式有興趣。更耐人尋味的是，在調查世界各國人民對政府的滿意度，美國和英國這些老牌的民主國家大約只有百分之三十幾，而中國大陸民眾對政府的滿意度卻始終高達百分之八十幾。」

D寶諷刺說：「北韓人民不是也覺得自己是全世界最幸福的人嗎？假如那個民意調查也包括北韓的話，滿意度一定是百分百。」

我哈哈大笑：「北韓是目前全世界將近兩百個國家之中，非常少數百分之百管控人民的通訊自由與行動遷移的國家；中國大陸不一樣，他們雖然對媒體採取較嚴格的監控，但是民眾除了少數政治敏感議題無法公開討論之外，與我們一樣可以同步接收全世界的最新動態，基本上出國或做生意也都是自由的。」

D寶還是不服氣：「可是他們的領導人不知怎麼選舉出來的，不管怎麼說，還是獨裁專制的政權。」

我點點頭說：「他們的確沒有民主國家通行的選舉，而且在憲法裡規定，永遠由共產黨專政，對我們來說也很不可思議。可是他們不是獨裁，那種我們理解的君權家族世襲或北韓一人獨裁，他們採取的是集體領導。這也是國際學者好奇的，原來在民主選舉與個人獨裁之間，居然還有『集體領導』這個政治體制的可能性。」

A寶很好奇：「什麼是集體領導？」

合議制強在推動政策無阻力

我回答：「中共第一代領導人是毛澤東，那時候真的就是我們認知的個人獨裁政權，第二代領導人鄧小平開始轉型，從一九七九年中美建交後逐步打開鐵幕，從事經濟改革，在政治上也建立了集體領導制。從他過世到現在，都還維持著由中共中央政治局幾位常委的集體領導。」

B寶有疑問：「大家不是說習近平權力最大，既是國家主席，又是中共中央總書記，又是中央軍事委員會主席，掌握黨政軍的權力於一身？」

我繼續解釋：「你們有沒有注意到，多年來媒體都形容政治局常委為領導班子，大家也搞不清楚他們的繼任人選是如何產生的，於是簡單地以『鬥爭』兩個字帶過。其實依我推測，他們的決策核心，也就是七位政治局常委開會時，應該是採合議制。」

A寶追問：「什麼是合議制？」

我回答：「一般民主選舉或開會表決事情都是用投票，然後採取多數決；而合議制是有權利參與開會的人，每個人都有否決權。換句話說，任何議案要通過，必須每個人都同意，只要有一個人覺得不妥當，議案就擱置，等調整或協商好了再提出來討論。」

C寶覺得有問題：「這未免太沒有效率了吧！」

我笑笑說：「這可不一定喔！對於一般比較無關緊要的事情，要取得全部人的同意的確很麻煩，但是對於重大事項若能經過充分討論，取得各方代表的同意之後，推動起來就不會有任何阻力。目前除了中共決策核心的中央政治局採合議制之外，聯合國的決策核心安全理事會也是合議制，也就是每個常務理事國都有否決權。哦，對了，當初成立『荒野』時，我也是希望常務理事會是合議制。」

A寶恍然大悟：「難怪你這麼瞭解集體領導了。」

我繼續跟她們解釋：「很多人看不懂中共每一代領導人是怎麼產生的，其實這正是集體領導最特殊的地方。集體領導的精神在於，除了每個人代表不同政治勢力或專業，共同討論、共同決策之外，下一代的領導班子也必須獲得上一代全部人的同意認可，只要任何一個老幹部有意見，基本上那個新人就不可能獲選。所以，他們的領導幹部一定是經歷完整，在長時間的考驗中不能出任何錯誤，表現要很傑出，才可能說服所有人而出線。

「至於剛剛C寶說太沒效率的部分，最主要是在討論階段，一旦有共識了，開始推動相關政策時，是不可能有其他政治力量或派系反對，反而能夠非常有效率地快速完成。」

ABCD寶從來沒有想過這些情況，慢慢在消化我的說明。

當民主失敗時，必須以更多的民主來改善

我問她們：「為什麼這些民主國家的民眾支持度那麼低，民主體制近乎失能，以至於人民對民主有相當沮喪的幻滅感，你們認為是什麼原因？」

C寶有點不好意思地說：「因為民主國家的政府太沒有效率了。」

A寶同意C寶所說的：「民主國家的領導人無法做出強而有力的決定。」

B寶也很困惑：「民主國家常常會陷入明明每個人都知道該怎麼做，但好像又什麼事都推不動，更麻煩的是好像沒有人能夠負責，又好像每個人都該負責？」

C寶揣測：「是不是媒體也有影響？說話大聲的人意見不一定對，但是煽動、聳動或對立謾罵的意見似乎很容易變成主流民意，讓該負責任做事的人不敢放手做對的事？」

很久沒說話的D寶忽然問說：「偉文叔叔，為什麼你會希望荒野的常務理事會採用合議制？」

我回答D寶：「雖然民主選舉是一人一票選出領導人，權力好像在老百姓，但是選上後要罷免卻很困難，而且贏者全拿的制度，一不小心就會變成獨裁者。中美洲或非洲那些獨裁政治強人，上台之初也都是經由民主選舉產生的，包括稍遠一點的希特勒也是啊！即使世界上很少數兩黨政治成熟的國家，雖然有反對黨的制衡與媒體的監督，但是執政者的權力還是很大，若是他們的胸襟寬大、視野廣闊，既聰明又懂謀略，當然是全民之幸；假如不是，那就麻煩了。

「所以，我想像一個可以永續的公益團體，如果採用合議制的集體領導，集眾人的智慧，施政可以不偏頗，宗旨目標也得以穩定不走調。中國大陸的政治形態引起學者關心的另一個原因是，二次大戰之後，許多新興民主國家都走得顛顛簸簸的，對於中國大陸從那麼貧窮落後，又那麼龐大的人口，居然可以維持三十多年的高成長，而且沒有大動亂，覺得不可思議。」

A寶忽然想起來：「習近平在接任國家主席之前，有一次出國訪問，被外國記者挑剔不民主時，居然嗆回去，好像回答得很精采。」

我點點頭：「他說中國能解決十三億人口的吃飯問題，已經是對全人類最偉大的貢獻。最好笑的是，他居然嗆回去說，有些吃飽了飯的外國人，對我們的事情指手畫腳，中國一不輸出革命，二不輸出飢餓與貧困，三不去折騰你們，還有什麼好說的！」

ABCD寶聽了不禁哈哈大笑。在香港讀書的C寶也有感而發：「中國的人口實在太多了，要管理這麼多人的確不容易。」

這時D寶又問：「偉文叔叔，那你是贊成中共的集體領導，限制人民選舉的自由囉？」

我哈哈大笑：「當然不是啦！我只是盡量持平地分析在台灣很少被談到的政治體制的不同選擇，我個人當然是支持民主選舉的，而且也贊成政治學上被傳誦的名言——當民主失敗時，必須以更多的民主來改善。」

對話之後：

民主不只是老百姓有投票權，還必須佐以透明及監督的力量，重視施政的效率與結果。現今世界各國普遍發生的「民主失靈」現象，形成原因有許多，除了媒體，企業的經濟力量，還有每個公民的怠惰。只要大家覺醒，科技的進步有機會創造出一個民主的新時代。

17 想成功也想做好事的職涯選擇

這篇新聞，可以讓孩子學到：

一個年輕人職業生涯的選擇上，
在非營利團體或社會企業裡，
工作內涵比較不明確，
因此擁有主動創造的空間，
只要積極性夠，
可以無中生有許多事情，
學習從社會中找資源。
這種主動積極和應付模糊變動的能力，
是未來世界相當重要的素質。

二〇一四為社企元年，社會企業正夯

「哇！好酷！做好事可以賺錢，賺了錢可以去做更多的好事！」A寶翻閱著雜誌一邊說著。

B寶回應：「你是不是在說『社會企業』？最近我去聽了一場演講，就是邀請好幾位創辦社會企業的年輕人分享他們的經驗。」

A寶興奮地附和：「最近好多學長學姊也在構思或號召成立社會企業呢。」

聽到AB寶熱烈的討論，我也加入：「你們說說看，為什麼社會企業在這幾年忽然冒出來？政府將二〇一四年訂為『社企元年』，打算投入更多資源，扶植新創立的社會企業。其實不只在台灣，全世界都在瘋社會企業，二〇一四年十月舉辦的第七屆社會企業全球高峰會，就吸引了五十多個國家，上千名企業家參與，是國際上非常關注的大事。鄰近的韓國比台灣早了七年，在二〇〇七年就訂定社會企業法，想盡辦法支持這些創業家。為什麼社會企業這麼夯？」

A寶很快地回答：「因為可以做好事啊！如今社會兩極化這麼嚴重，有很多貧困的人得不到幫助。」

B寶想了一下，用她演講聽來的、比較有學問的說法：「的確，這些年貧富不均愈來愈嚴重，大企業家與大資本家佔據所有資源，現在的政府也愈來愈沒有能力照顧愈來愈多的窮人，所以當然對任何主動想解決社會問題的人都樂觀其成，也願意大力支持。」

我點點頭：「沒錯，社會企業可以彌補社會福利措施的不足，間接消弭社會不滿的情緒與抗爭的動盪，尤其假如被弱肉強食的全球化競爭淘汰出場的民眾愈來愈多，社會不公不義的現象愈來愈嚴重時，的確會危及到社會的穩定與民主的體制。人類歷史上的革命，以及近代共黨的崛起，也都來自於類似的背景。」

A寶忽然有點搞笑地插話：「現在年輕人失業率這麼高，鼓勵年輕人投入社會企業，可以增加就業率。」

我笑著說：「A寶說得好，社會企業在校園非常夯，除了A寶說的原因外，其實學校也是點子與人才最好的來源，還有年輕人的熱情也是重要因素。」

政府、營利與非營利組織的優劣

說著說著，我忽然想起了一個研究：「最近有人分析，台灣投入社會企業的人才，主要來自於兩種不同的心情，一種是生活苦悶，經濟也比較拮据的憤怒青年，看不到未來，所以希望透過社會企業發動社會改革；另一類是豐衣足食的天之驕子，希望從參與社會企業找到人生的意義。」

A寶不滿意這個調查的觀點：「我不同意這個分析，好像把有心投入社企的人視為兩種極端的怪胎。」

我哈哈大笑：「其實我覺得無所謂，因為無論源自於什麼動機，社會企業既然是企業的一種，最基本的還是經營管理，還是必須面對商業市場的生存競爭與挑戰，否則不但無法解決社會問題，搞不好反而自己成為社會的問題呢？爸爸有些從事創投的朋友就跟我提過，幾乎大部分的社企創業家，談起理想，個個眼睛發亮，可是只要跟他們問起營運與財務，大家就眼神渙散。」

A寶也同意：「是嘛！財務報表、收支帳，多無聊啊！」

我忽然想起一個重要的問題：「談了半天社會企業，可是你們知不知道，企業、社會企業，與公益團體之間的關係與差別嗎？」

AB寶一頭霧水，搞不清楚我究竟要問什麼。我只好從頭說起：「整個人類社會雖然擁有形形色色、無以計數的組織或機構，但其實只有三大類別，也就是政府組織、營利企業與社會團體。社會團體也有人稱為非營利組織，包括我們一般稱的公益團體。這三類並沒有包括現在所謂的社會企業。」

我看她們還是不太懂我在說什麼，只好更詳細地解說：「不管是荒野保護協會，或者紅十字會、各種慈善基金會等等，這些非營利組織有人稱為『第三部門』，也就是與政府部門和營利企業鼎足而立。這三種組織，隨著時代演進，彼此在願景擬定、策略規劃，乃至於經營管理方式上，有相當程度地仿傚與混同；但是站在組織發展的角度而言，這三個部門有不同的優勢與劣勢。

「公部門擁有公權力，同時，只要預算通過，公部門也遠比民間團體擁有無法企及的金錢與資源。但是政府受限於組織員額編制，雖然有錢有權，卻沒有人手；而且公部門必須遵循煩瑣的法令規章與程序，極度缺乏彈性，不容易應付快速的環境變遷。

「營利企業則必須面對市場嚴格的競爭，因此目標管理的績效與效率的要求，大概是政府或公益團體所難以達到的。也因為如此，在商言商，營利企業恐怕也不足以擔負起社會公益及照顧弱勢的重擔。

「至於非營利機構跟政府比起來，既沒錢又沒權，同時往往不能像企業一般採取嚴格的管理。但是，非營利組織最大的優勢是志工，只要理想與公信力夠吸引人，志工的來源是可以無限成長的，這跟政府有員額限制，或者企業講究員工個人的單位成本與效益不一樣。」

講了大半天，我停了一下，然後問ＡＢ寶：「為什麼社會企業這種全新的組織創新能夠出現？」

Ａ寶說：「是不是因為有需求？記得有專家講過，只要有需求，就會有新的發明。」

我搖搖頭：「社會企業要解決的問題，在人類世界早就存在了。」

Ｂ寶靈光一現：「是不是社會企業早就存在，只是沒有用這個名詞？」

我依舊搖搖頭：「也不全對。企業的使命就是賺錢，每個出錢投資的股東分配企業所賺的錢，是天經地義，也是企業之所以存在的目的；而社會企業相反，它在成立的時候就跟出錢投資的股東說，賺的錢不會回饋給你，而是用來從事公益慈善。這應該是一種全新的商業創新，也跟慈善團體不一樣。非營利組織靠捐款做好事，但是社會企業是在做生意、賣東西，必須跟市場上同樣的商品競爭，賺錢獲取利潤，只是利潤用來做好事。換句話說，社會企業一樣是賣商品，只是他們讓民眾透過消費來幫助別人。」

Ａ寶大概懂得我的意思了：「媽媽買日常用品的時候，都會特別找看看有沒有公益團體也在賣那種產品，盡量跟他們買，讓他們賺錢。這種公益團體的消費生產，就是社會企業的雛型？」

我點點頭：「沒錯，很多公益團體也慢慢在改變營運模式，經費來源不只是依賴人們的愛心捐款，還希望找到自給自足的方法。可是不管怎麼說，這些產品必須跟大企業、大財團競爭，以前彼此規模差距太懸殊，根本比不過，為什麼現在有機會，可以有這種新的商業模式存在？」

B寶恍然大悟：「因為透過網路行銷不用錢。」

A寶也補充：「現在社群網站影響力大，許多人會義務幫你行銷推廣。」

B寶興奮地說：「再加上現在物流快遞的興盛，小公司或個人也可以直接出貨，不需要花大錢自己建立門市通路。」

我非常高興地為她們鼓掌：「你們的觀察很正確，社會企業之所以在這些年很夯，來自於整個網路通訊及物流環境的發展成熟。不過，社會企業還是很不容易經營，光有愛心不夠，還必須有生意頭腦才能永續。當社會企業逐漸成長時，需要有三種不同特質的領導人，第一階段懷抱夢想的熱情很重要；到了能夠存活下來，工作人員增加時，就得有組織規劃的能力；等到因為無遠弗屆的網路威力，訂單愈來愈多時，需要的就是能夠壯大規模的企管高手了！」

A寶感慨：「要從事社會企業，其實是很不容易的。」

我點點頭，鼓勵她們：「我覺得一個年輕人職業生涯的選擇上，在大企業裡，可以學得專業的流程控管，以及適應明確的績效考核。反過來說，在非營利團體或社會企業裡，工作內涵比較不明確，因此擁有主動創造的空間，只要能力夠，積極性夠，可以無中生有許多事情，學習從社會中找資源，磨練協調能力以及與人合作的習慣。這種主動積極和應付模糊變動的能力，是未來世界相當重要的素質。」

對話之後：

我常鼓勵AB寶參加公益團體當志工，就是希望她們能夠激發改善世界的熱情，學習無中生有的創造能力。在一個為理想而付出的公益團體中，可以結交到許多好朋友，這種屬於夥伴的情誼，與公司裡有點競爭壓力及利益關係的同事，或基於業務往來的客戶是不同的。夥伴會是一輩子的朋友，是我們人生中給自己最棒的禮物。

第三部

向左走，向右走？你的判讀就是衛星導航

18 微笑單車的逆轉勝

這篇新聞，可以讓孩子學到：

政策推動往往有利有弊。

一件事要成功，

不斷修正與瞭解民意，

還有熱情努力的心很重要！

一個好的公共政策也能夠發揮蝴蝶效應，

改變整個城市的面貌，

進而影響每個人的生活習慣及價值觀。

微笑單車已成台北象徵

假日，兩個女兒悠然地坐在陽台吃早餐，B寶忽然問A寶：「你猜猜看，從外縣市來台北讀書的同學，他們最喜歡台北的什麼地方？」

A寶哈哈大笑：「我知道，這個問題我也問過我們學校的同學，包括一些外國來的同學，第一是捷運的舒適與方便，再來就是微笑單車。有人還讚美說，台北街頭有點像單車大國荷蘭阿姆斯特丹的感覺呢。」

我聽到她們聊微笑單車，也湊過去：「微笑單車已經變成台灣在國際上做形象宣傳的典範了，外國許多城市都來台北觀摩學習。在城市的公共自行車設施裡，台灣也創下幾項世界紀錄，首先是平均每輛車每天有十多次的周轉率，是世界第一，同時失竊率與耗損率也非常低。」

我再問她們：「你們猜猜看，全世界有多少個城市設置有公共自行車？」

A寶猜：「大概有七、八十個了吧？」

B寶更保守：「我猜大概五、六十個？」

我誇張地說：「哈！差太多了，全世界有將近七百個城市的政府都積極在推動呢。」

A寶恍然大悟：「喔！我知道了，這些年各國都在響應節能減碳的綠色城市概念，難怪台北的微笑單車會這麼成功。」

我正色反駁A寶：「其實台北微笑單車的成功，並不只是因為呼應環保的趨勢或年輕人覺得很『潮』的時髦，許多對的政策並不見得會成功。之前我們討論過的教育改革，不就是『把好事搞砸』的例子嗎？微笑單車沒多久之前還是一項被大家視為失敗、甚至錯誤的政策，後來是由許多人的努力才能逆轉勝的。」

AB寶睜大眼睛，好奇地等我詳細說明。

我嘆了口氣：「自二〇〇九年，台北市開始試辦第一期微笑單車，同時也在敦化南北路規劃自行車專用道。結果因為使用的人少，加上自行車、機車與汽車彼此的動線關係混亂，招致很大批評，也被檢討為何浪費許多錢設置了荒謬的敦化南北路自行車專用道，整個微笑單車差一點胎死腹中。那時候市政府要設置自行車站，到處碰壁，不斷被社區或商場拒絕。」

A寶插話：「為什麼？」

我想了想：「大概是怕佔據了原本的汽車或摩托車的停車位吧！總之，當時不僅市政府被罵得很慘，連配合的單車廠商也虧損連連，據說每年賠一千五百萬元以上，眼看原本的試辦三年期一結束，整個政策就會停擺了。」

ＡＢ寶很緊張：「那怎麼逆轉勝的？」

高品質的騎乘經驗

我很感慨地說：「幸好從政府公務員到企業，有一群不死心又很聰明，也非常努力的人，透過試辦的各項數據分析及民意調查，發現原本辦會員租借單車的步驟太麻煩，而且租借站太少，使用不方便。所以，他們很勇敢地投入更多資源，進行第二期的規劃，除了設置更多的租借站，可以甲地借乙地還，前半個小時免費等誘因外，同時在租借現場憑悠遊卡與手機門號就可以當場入會，使用車子，不需要跑到市政府用雙證件辦理入會。

「當然，配合廠商也非常努力。像日本著名的雜誌曾來台北採訪，探討為何台北能成為亞洲第一個成功推動自行車系統的城市，反而多年前就喊出要打造自行車城市的東京一直無法成功？記者認為，微笑單車高品質的騎乘體驗，是非常關鍵的因素，車子好騎、安全又不會故障，讓人很放心。」

我停了停，又說：「最好笑的是，當初那些拒絕設置單車站的社區或商場，現在不單搶著要，有的還透過里長或議員來遊說市政府，甚至說，不在我們這裡設，是瞧不起我們社區嗎？」

A寶大笑：「真是太現實了！」

B寶也感慨：「西瓜偎大邊，看人成功就錦上添花，若是失敗就落井下石。」

我也點點頭：「這就是人性吧！」

A寶想了想：「我覺得微笑單車能夠成功，是到處可以借可以還，方便性很重要。」

我點了點頭：「過去十多年來，全台灣流行的自行車風潮，都只是將單車視為休閒或運動的工具，但是，唯有把單車變成交通運輸工具來使用，才能算是推動綠色城市。要變成都市人上班的交通工具，租借站就必須要多。台北市政府曾評估過，全台北市至少要有三百個租借站，也就是只要走兩、三百公尺，出門三、五分鐘就有一個站為目標。如果不方便，有心想節能減碳的民眾，還是不太容易選擇騎單車，畢竟現代人時間寶貴，若因為要租借或歸還車子浪費太多時間，耽誤到正事或與人約會的時間，當然就不會使用。」

A寶說：「我也看到新聞說，全台灣幾乎所有城市都在積極規劃設置公共自行車，包括新北市企圖心更大，打算在這一兩年內設置兩、三百個租借站，真是太酷了！」

對話之後：

一件事情，量變往往會帶動質變。一個好的公共政策也能夠發揮蝴蝶效應，改變整個城市的面貌，進而影響每個人的生活習慣及價值觀。這個逆轉勝的案例告訴我們，只憑著做好事的初衷，不見得別人會領情，還要輔以更多的技巧，深思熟慮後的策略，當然還要注意細節的執行力。

19 登革熱與海水滅蚊

這篇新聞，可以讓孩子學到：

只看甲報，
會以為這是非常棒的方法，
看了乙報，
反而會認為這種方法根本不管用。
兩者雖然報導的都是事實，
卻操控了我們的觀點或立場。
不要被單一事實給誤導，
最好不同立場、不同觀點的報導都要看，
我們才有可能得到比較客觀的真相。

引海水有用？無用？

「哇，太神奇了！高雄市政府要引海水入市區淹死蚊子！」B寶看著報紙嚷道。

「我看這真的是病急亂投醫了！」A寶評論著。

「可是報紙說實驗有效耶！水溝裡放進二百隻孑孓，灌海水進去，只剩兩隻存活，有效率百分之九十九。」

我看AB寶你來我往地討論著，也湊過去說：「沒錯，妹妹拿的這份報紙向來支持民進黨執政的高雄市政府，可是你們看另外一份素來對民進黨比較不友善的媒體，就披露了另一個事實：對照組，也就是只倒入普通清水的水溝，結果孑孓也只有四隻存活，有效率百分之九十八。其實以這麼少的樣本數與實驗來說，兩者幾乎沒有差別。」

B寶問我：「那你支不支持高雄市政府的做法？」

我笑笑說：「我肯定地方政府想盡辦法滅蚊的苦心，但是站在生態觀點，我當然不贊成大規模引進海水，將市區內的溝渠全部鹽化，破壞了溝渠內原本的生態平衡，或是環環相扣的食物鏈。」

A寶想了想：「只看甲報，會以為這是非常棒的方法，看了乙報，反而會認為這種方法根本不管用。真可怕，兩者雖然報導的都是事實，卻操控了我們的觀點或立場。」

我點點頭：「這也是我經常提醒你們的，不要被單一事實給誤導，最好不同立場、不同觀點的報導都要看，我們才有可能得到比較客觀的真相。」

B寶繼續唸著報導：「二〇一四年高雄已有超過萬名本土登革熱病例，近百例為登革出血熱，數十人死亡。哇！還真可怕！難怪高雄市政府什麼奇招都願意試一試了。」

我嘆了口氣：「其實登革熱與伊波拉病毒性質類似，都是熱帶出血性疾病，只是致死率沒有伊波拉病毒那麼高。它是透過兩種蚊子——埃及斑蚊與白線斑蚊攜帶病毒，這兩種蚊子蠻好認的，觸腳像雨傘節或斑馬一樣，黑白交錯。其實大規模在水溝裡噴藥或灌海水，效果並不大。通常只在南部才有的埃及斑蚊，常產卵在易乾的積水窪處，或是有殘餘水的廢輪胎、瓶瓶罐罐、花盆承盤……等地方，因為在溝渠裡的孑孓容易被其他生物給吃掉，況且孑孓也不是長期生活在水裡，牠們必須浮在水面上呼吸，沒幾天就羽化飛離水面。」

A寶有點好奇：「為什麼高雄有上萬人感染登革熱，台北卻沒有聽說？難道蚊子也會挑地方？」

我笑笑說：「大概這兩種蚊子的幼蟲只生活在比較溫暖的環境，台北有時溫度較低吧？」

B寶問：「為什麼你不贊成噴藥滅蚊？但是每次政府發現有登革熱，附近一定是地毯式地全面噴藥。」

我提醒她們：「以前跟你們提過伊波拉或其他病毒性感染的特性，就是必須依附在活生生的生物體內，病毒不像細菌，可以獨立存活及繁衍。所以，只要我們附近沒有人得登革熱，我們就不可能得登革熱，因為蚊子理論上飛不遠，除非藉著交通工具搭順風車，不然通常牠們一輩子只會在孵化出來附近幾十公尺內活動。」

B寶還是沒聽懂：「這跟立刻全面噴藥有關係嗎？」

我回答：「登革熱的患者在發病前一天到發病前五天之間，是所謂病毒血期，在這六天之內蚊子叮咬了患者，蚊子就帶有病原，蚊子在帶原的八到十二天後可傳染給別人。因此，若站在防止疫情擴大的角度而言，有所謂防疫的黃金七天，也就是在發現有患者的七天內，撲滅患者居處附近的所有蚊子，就可以控制感染擴大。」

A寶恍然大悟：「原來如此。可是為什麼媒體從來沒提到這些知識呢？」

我鼓勵她們：「或許媒體記者沒有足夠的好奇心吧。我們看新聞報導的時候要懂得思考，也要懂得質疑，當然更重要的，要有追根究柢的好奇心！」

對話之後：

數據是死的，但人是活的，如何使用數據，會改變人對事實的看法；就像技術是中立的，但若利用的是偏激或別有用心的人，就會造成災難。因此，要小心將特定意識形態用科學來包裝的新聞，更要有能力分辨網路上層出不窮的偽科學。在這個時代，要當個稱職、具獨立思考的公民愈來愈困難，除了有廣泛的知識背景之外，也要抱著質疑的精神，用心去判斷。

20 拜拜一定要燒香嗎？

這篇新聞，可以讓孩子學到：

心誠意正，心好就香，
禮佛應來自於當下的心念。
一個長久以來習慣了的
拜拜儀式的變革，
短期來看，
衝擊著周邊小販的生存，
但長遠來看，
卻善待了我們居住的環境。

民間信仰與佛教信仰

「為什麼一間寺廟撤掉香爐與供桌，會變成報紙的頭條新聞？」A寶有點好奇。

我回答：「行天宮是台灣非常出名的廟宇，香火鼎盛，每年有六百萬名香客，許多觀光客到台灣也都會去參觀，這樣一座指標型的廟宇能夠帶頭宣示不燒香，實在很不容易，當然算是新聞事件了。」

B寶問：「為什麼拜拜要燒香？」

我想了想：「長久以來，一般民眾信徒都認為，拜拜時手拿的線香，就像是電波發射器一樣，在裊裊的煙霧中將訊息傳達到天上的諸神。」我停了一下，問她們：「你們認為到寺廟拜拜算是什麼宗教？」

A寶瞪我白眼：「當然是佛教，這誰不知道！」

「這可不一定哦！你回想看看，你們去過不少日本著名的佛寺，也去過慈濟、法鼓山和佛光山參觀，這些佛寺有燒香、擺供品拜拜嗎？」我問AB寶。

B寶咦了一聲：「那些佛寺好像跟一般寺廟不太一樣喔！」

A寶也在思考：「是不是那些寺廟是所謂的民間信仰，與真正的佛教不太一樣？」

我點點頭：「正信佛教講究的是修心，五十多年前行天宮創辦人的觀念也是如此，心誠意正，心好就香，強調道德的馨香。不管是佛光山、法鼓山或慈濟，都認為禮佛應來自於當下的心念，所以沒有燒香儀式，也沒有讓信徒呈獻供品。」

B寶追問：「那麼寺廟不算佛教了？」

我笑笑說：「很難界定，我們可以稱寺廟為民間信仰，雖然每個上寺廟拜拜的人會認為自己是佛教徒。我想，宗教可以安人的心，尤其面對自己無法掌握的事物，或處於困惑難解、徬徨無措時，拜拜祈禱，將一切交付給一個更高存在的上蒼，不管是神或佛或阿拉，的確可以撫慰人心，這就是宗教或民間信仰的作用吧。寺廟提供普羅大眾一個追求心靈平靜的地方，也通常會配合信眾的習慣，藉由一些具體的儀式，不管是燒香、上貢品、許願還願，做為一種方便法門吧！」

香煙裊裊背後對環境的傷害

B寶問：「爸爸，你認為其他寺廟會跟進嗎？」

我搖搖頭：「不容易。除了信徒的長久習慣之外，信眾的香油錢或是販售的附帶周邊產品，已經形成了很大的產業經濟鏈。你們應該瞭解，任何改變都會招致反彈，尤其牽涉到一些既得的利益時。」

B寶繼續追問：「因為很不容易，媒體才這麼大肆報導？」

A寶回答：「不只啦！不燒香，不拜供品，對環保與節約資源也很有幫助，符合時代潮流。」

我也補充：「很多信徒買寺廟附近的小米糕當貢品，拜拜之後就留在貢桌上，每天有數百個，甚至上千個，早先廟方會捐給弱勢團體，但後來擔心會有防腐劑，也不敢再送人，只好扔掉。甚至其他整包沒開封的餅乾零食，廟方一開始是捐給育幼院，後來連育幼院也認為這些食品不健康而拒收，只好把好端端的食品扔掉，不是很浪費嗎？」

A寶也提醒：「爸爸剛才提到的一年六百萬名香客，如果每人點兩、三枝香，一年就要幾千萬枝香，要砍多少樹木啊！」

我嘆了口氣：「除了砍樹之外，線香燃燒會產生非常細微的懸浮微粒，鼻毛及上呼吸道無法排出，直接進入到我們的肺泡，會造成發炎，長期下來會導致肺癌或心血管疾病。線香在製造過程中也會使用化學藥劑，焚燒時會釋放出甲醛、苯及其他揮發性有機物，對身體也不好！」

A寶略帶遺憾地說：「難怪幾乎所有媒體輿論都為行天宮喝采！不過有點可惜的是，煙霧繚繞中信徒拜拜的景致，還有大年初一大家搶著上頭香的熱鬧，我還沒來得及去拍照留念啊！」

對話之後：

移風易俗很不容易，但習慣既然是人養成的，當然也可以選擇改變。也許我們沒有勇氣做那登高一呼的人，但對於社會上有人提倡進步的觀念時，可以立刻給予支持與鼓勵，呵護那隨時會被打壓的幼苗。有機會的話，我們也要不斷在社會上撒下良善的種子，護衛好的行為，增加整個社會善意的循環。

21 但願十八歲就懂的事

這篇新聞，可以讓孩子學到：

人一定不要放棄自己的夢想，
但是也要務實地讓自己活下來。
換句話說，追求夢想很好，
但請用自己的錢，
讓自己有能力在冷酷又現實的社會
存活下來後，
再一步一步朝自己的夢想前進。

朱市長的三百說

「爸爸，如果你重新回到十八歲，你會怎樣安排生活？」我正在書櫃裡翻找等一下吃過晚飯要看的影片時，A寶忽然丟出這個問題。

我想起張曉風老師曾感慨地說，青春太美好了，好到不管怎麼過都像是浪費了。整天K書的，會遺憾沒有好好玩過；在社團裡活躍的，又會後悔沒有認真念書。所以我回答A寶：「怎麼過都好，只要認真地回應當下每一個機會，做好手邊每一件事情。」

一邊回答，也好奇A寶為什麼會問這個問題：「你怎麼突然想到這個呢？」

A寶指著報紙上一則報導：「新北市朱立倫市長到真理與淡江兩所大學演講，期勉畢業生一生要交一百個好朋友，讀一百本好書，以及走遍世界一百個好地方。」

A寶繼續評論說：「這三件事都值得做，但是為什麼要以一百為目標呢？好朋友與好地方或許一百個就夠了，但是一輩子只讀一百本好書怎麼夠呢？」

我笑笑說：「朱市長說這個數字，也許只是給我們一個提醒，與初期努力的目標。一個人大學畢業之後，日子會過得非常快，因為不再有考試和寒暑假來給生命做段落，而通常每個段落都會提醒我們，讓我們有小小反省與重新再出發的機會。」

B寶湊過來：「所以我們要準備三個本子，分門記錄這三個目標的成果。我記得爸爸常提醒我們記錄的重要性。」

我點點頭勉勵她們：「不錯，做記錄比做計畫對我們每天時間的安排與選擇，更有無形的正面力量。朱市長提到一百個好地方，讓我想起達賴喇嘛曾建議，每年至少去一個一輩子從來沒去過的地方，也是要我們擴增生命視野的提醒。」

A寶忽然想起來：「爸爸，你也剛去參加過台中明道中學的畢業典禮，你跟他們建議了什麼？」

我回答：「我去的是國中部的畢業典禮，所以與這陣子媒體報導的各大學畢業典禮的人生建議不同。而且好玩的是，明道中學的校長每年都會扮演一個不同的角色，從星際大戰到鋼鐵人、美國隊長……都有，每年畢業典禮前三、四個星期，學生就會爭相猜測校長又會扮演什麼？結果今年出乎大家意料的，校長居然以本來面目出現，原來主題是『做自己』。其實這個謎底在一個星期前已偷偷揭露，學校在操場邊豎立個大大的牌子，寫著『Discover yourself』。」

B寶說：「做自己？」

我繼續說：「所以我的演講主題也扣著這個主旨，破題就是——大家千萬要小心提防父母長輩給你的建議。假如你們想要過個精采、熱情的人生，就不該聽從父母長輩給你的生涯規劃，因為他們太愛你，太關心你，害怕你受到挫折，怕你太辛苦，一定會希望你走一條安穩的路，但這是我們自己的人生，要過得快樂而精采，一定要做自己！」

A寶點頭：「說得好！你給他們什麼具體的建議呢？」

我聳聳肩說：「國中畢業之後是上高中、大學，我提醒他們在學校要多參加活動，從活動中交到一些好朋友，這些共同努力、共經患難、具有革命情感的好同學，將會是陪伴你往後人生的好夥伴。另外要持續閱讀，一本一本的書，而不是只在網路上東看看西看看，要從經典書本中建立知識的體系與架構。同時要保持運動和規律的生活習慣，有健康的身體，才是一切學習的根本。」

A寶吐我槽：「爸爸，你提的這些不都是老生常談嘛！」

我嘆口氣：「沒辦法啊，這是我真心的感受。往往對人生真正有幫助的建議，聽起來也都只是常識，可惜的是我們卻沒有真的照著去做。大學四年一晃就過了，要記得前人的經驗，多參與活動，每天一定要看書，還有鍛鍊身體。當然，最好把這些項目分門別類，用冊子記錄下每天的新收穫。」

要務實？還是要追求夢想？

說著說著，忽然想起不久前有個雜誌的封面專題是——成功者告訴你，沒懂太可惜的事。我找出這本刊物，繼續跟她們討論：「陳文茜反對大學畢業後直接念研究所，建議要在大學期間請假去打工、去壯遊，回來才知道要做什麼。你們認為呢？」

A寶替B寶回答：「妹妹讀醫學系比較單純，反正讀完書、在醫院受完訓，已經十年過去了，這一段時間不用想太多。至於我，蠻同意陳文茜的建議，應該先去看看世界，多一點衝擊，讀書比較有效率。」

我點點頭贊同A寶的看法，又繼續問：「聯強國際集團的總裁杜書伍建議，上大一就可以到企業去實習，因為實習可以讓你瞭解真實的職場，對於修讀的課，效果會更好。你們覺得呢？」

B寶搶在A寶前面回答：「其實他的建議跟陳文茜差不多，只是不需休學，意思都是在讀書期間就要面對真實世界的挑戰，那麼在學校課業上，也能找到為

何而戰的動力！」

我也點點頭提醒她們：「所以你們上大學後，也要盡量找實習的機會。實習跟打工不一樣，打工通常是用時間與勞力換得薪水，而實習也許沒有錢，卻可以學得某些較為專業的技術。」

一邊說，一邊翻著雜誌，我忽然眼睛一亮：「咦！這一篇李家同教授的訪問很有趣。李教授說，除非你是英國威廉王子，不用找工作，否則大家都要學得一技之長。他還強調，叫人要找自己喜歡的事情去做，是不知人間疾苦的人，才會講這種話。」

「哈哈！爸爸是個不知人間疾苦的人！」A寶一邊嚷著，一邊湊過來，邊看邊唸：「哇！李教授在民國六十年從台大電機系畢業，當時台灣沒有電子工業，連電視機都不普及，他為了比較容易找到工作，台大畢業後還到補習班學修收音機。實在太勁爆了！」

B寶也很好奇：「他真的用修收音機的技術去找過工作嗎？」

A寶繼續唸著報導：「學完修收音機，李教授還是選擇繼續讀書，因為他知道讀書的出路比較好，容易找到好一點的工作。」

我問AB寶：「你們同意李教授所說，讀書完全是以能不能找到好工作為目標？還是平常爸爸提醒你們的，要依照自己的興趣與熱情來選擇職業？」

AB寶沉默了一會兒。我催促著，A寶才說：「好像你們兩人說的都有點道理耶！」

B寶放了一記冷箭：「聽了大家尊敬的李教授所說的話，爸爸，你要不要修正你的說法啊？」

我哈哈大笑，點點頭：「沒有錯，雖然一方面我還是認為熱情才是具有未來競爭力的關鍵，正因為未來競爭非常激烈，只憑單單擁有某個技能、某個證照是不夠的，必須不斷地學習才不會被淘汰。當我們在職場上所花的每一分鐘與心力，滴下的每一滴汗水都是享受時，才能在競爭中贏過別人，而且只有做真正喜歡的事，才能不畏懼挫折，即使失敗依然有勇氣往前走。但是另一方面，我也同意李教授的苦口婆心，因為現在的確有許多年輕人以追求夢想或不符興趣為藉口，逃避挑戰，不願從社會基層慢慢磨練，最後成為一個只會說不會做的人，甚至變成不願工作的啃老族。」

B寶挑我的毛病：「你不能騎牆派，說這也對，那也對。到底要務實，還是要追求夢想？」

我很肯定地回答：「爸爸修正自己的說法，我認為人一定不要放棄自己的夢想，但是也要務實地讓自己活下來。換句話說，追求夢想很好，但請用自己的錢，讓自己有能力在冷酷又現實的社會存活下來後，再一步一步朝自己的夢想前進。」

對話之後：

有太多大人給孩子建議：該如何安排生活，該如何立定志向與目標……，當然，所有過來人的勉勵都沒錯，孩子也很可能受到激勵或得到啟發而振奮起來。但真實人生是，大部分人的決心往往只是三分鐘熱度，不是說當時的決心不誠懇，而是人很容易受到周遭環境影響，好逸惡勞也是人的本性。所以，不必講太多大道理，只要掌握一、兩項具體的行為，養成習慣，持續做下去，久了就會有令人刮目相看的進步。回顧自己成長至今，簡簡單單做日常記錄的習慣，對我幫助很大，我也常常提醒孩子要保持這樣的習慣。

22 北宜直鐵、蘇花高該不該建？

這篇新聞，可以讓孩子學到：

所有連接核心與邊陲的道路，
只會加速邊陲的人力往核心輸送，
拉大城鄉差距。
這種快去快回的旅遊形式，
對當地發展高品質與永續的觀光產業，
其實是弊多於利的。
開發建設不該只有工程本身的考量，
還需要從社會人文狀況做整體分析。

加蓋馬路對紓解塞車沒幫助？

A寶看到新當選的市長建議要蓋一條穿越翡翠水庫底下、打通雪山山脈，直線到宜蘭的鐵路，不禁很擔心，問我說：「這是不是太恐怖了？難道他不知道當初要蓋北宜高速公路時，遭遇到多大的困難，引起多大的爭議嗎？」

我安慰A寶：「我想隔行如隔山，之前他可能不太瞭解，相信等他上任後，詳細研究過各種資料，就會有不同的考量。目前的建議只是他直覺的反應吧，因為科學告訴我們，兩點之間最短的距離是直線。」

A寶哈哈大笑，繼續問：「那麼淡水與台北沿著淡水河北側的平面道路，以效率來說，台北這邊一定會動工了？」

我聽到A寶這麼問，不禁嘆口氣：「這的確是個燙手山芋，新北市這端的六百公尺馬路已開始動工，而台北市這邊的計畫還沒通過，不只環評有問題，居民也反對，加上土地徵收的計畫也沒有通過。可是話又說回來，一條路若是只施工一小段，頭尾都很窄，就一點意義也沒有，等於變成路上的停車場。所以我想，最後一定還是會『想盡辦法』解決的。」

B寶也插話進來：「我記得荒野保護協會好像也反對蓋這條馬路？」

我點點頭：「很多年前我當理事長時，這的確是我們關心的議題之一。當時也擋了下來，想不到過了幾年還是死灰復燃，新北市這端通過環評，開始施工。記得當時我曾與幾個專家接受媒體採訪，已經詳細分析過蓋這條馬路對紓解交通的壅塞是沒有幫助的。」

B寶很好奇：「馬路變多變寬，怎麼會沒有幫助？」

我搖搖頭說：「其實這幾年國際上已經有非常多的研究，不斷地證明，在都市裡拓寬馬路、加蓋道路，對於塞車完全沒有幫助。因為只要馬路變寬，就會鼓勵更多人開車上路，增加的車輛最後還是全都塞在路上，不管是美國的洛杉磯或中國大陸的北京，不都是血淋淋的例子嗎？」

A寶問：「如果蓋馬路沒用，那要怎麼做才會有用？」

我笑笑說：「這幾年許多國際著名的城市開始反其道而行，縮減車道，甚至收高昂的『塞車稅』，也就是車子進城要付高額費用，反正增加很多用車成本，讓開車的人思考是否值得；同時政府也必須營建大眾運輸工具，讓不開車的人也可以方便到達想去的地方。」

B寶射了冷箭：「或許環保團體有很多理由，可是荒野保護協會從二十年前反對台十一線拓寬，後來又反對蘇花高、反對台二十六線、反對高山纜車……反這個反那個的，是不是就給民眾一種感覺，你們就是反對所有開發，不管交通不方便的偏鄉？」

我回答：「我們就以蘇花高速公路為例子。多年來，我們一直都瞭解當地民眾渴望發展、改善生活的殷切盼望，但是多了一條高速公路，問題就解決了嗎？還是會帶來更多問題、更長遠的負面影響？許多人很單純地認為，現在花蓮的『落後』，以及所謂『城鄉差距』，透過方便的高速公路就可以解決。可是根據全世界各個國家與地區的實際經驗，以及無數的學術報告都證明——所有連接核心與邊陲的道路，只會加速邊陲的人力往核心輸送，拉大城鄉差距。

「遠的不說，台灣這些年來在西部興建二條國道高速公路，還有沿著海岸的濱海快速道路，已形同第三條高速公路；再加上六條橫向連接的國道高速公路，以及十二條東西向快速道路，已經把西部所有鄉鎮幾乎都連上這些交通快速網路中。當初中南部沿線的鄉民，也抱持很高的期望，以為地方就要開始發展了，結果呢？只是加快了年輕人離開家鄉的速度，剩下老人家固守家園，甚至還必須忍受從家門或後院經過的高速行車噪音，汙染的空氣，與發生車禍的機會。我們全都親眼目睹了，台灣西部全是高速公路網絡後，城鄉差距不但沒有減少，大部分鄉鎮反而更加凋零了。

「這幾年來，花蓮當地有許多公益團體、學者及都市規劃專家，已經提出很多很好的改善花蓮交通的替代方案，同時也希望在考慮到花蓮的生活環境之下，投入適當的建設。我覺得目前是很好的時機，透過對蘇花高速公路該不該興建的討論，剛好有機會讓大家凝聚花蓮未來發展的共識。」

AB寶聽完我的長篇大論，靜靜地思索著。

我接著說：「也有許多偏鄉，希望透過便利的交通來吸引觀光客，但是這種快去快回的旅遊形式，對當地發展高品質與永續的觀光產業，其實是弊多於利的。國內外已有無數的例子來提醒我們。

「記得當初在荒野主辦反對興建蘇花高速公路的記者會上，我們邀請的侯孝賢導演講了好多次：『蓋馬路誰不會！』我很同意侯導說的，蓋馬路有什麼難，這正是台灣各級政府最擅長做的事，反正編預算招標，一大筆錢就花掉了，既有政績，搞不好還可以從承包商那裡撈點油水。工程再難，反正科技都可以解決，國內技術做不到那就開國際標嘛，反正花的又不是我的錢。就像解決水土保持問題一樣，哪邊有土石流，哪邊會淹水，那就蓋堤防嘛，反正用厚厚的水泥擋起來就好了，編預算招標誰不會？」

A寶讚歎：「侯導說得好，蓋馬路誰不會？我想難的是如何把錢好好利用，發揮最大的效果。」

我也感嘆：「最糟的還不是浪費錢而已，很多時候錢花下去，不但沒有達到預期的效果，反而破壞了環境，更慘的是連當地的社會結構、地方產業也一併都瓦解了。所以，開發建設不該只有工程本身的考量，還需要從社會人文狀況做整體分析。」

對話之後：

交通運輸是國家的重要基礎建設，也是經濟發展的必要條件，當基本的設施都有了之後，更多除了浪費資源外，是不是也會帶來意想不到的後遺症，甚至連帶喪失許多美好的事物？在電影「夢」裡，導演黑澤明借村子裡的老人之口說：「晚上太亮，就看不見天上的星星。」是的，我們早已失去了星星，如果還不警覺，我們將不只失去星星，也要失去蔚藍的天空。

這篇新聞，可以讓孩子學到：

預算補助獨厚明星表演團體，
該受批評還是贊同？
你可以找出多少論點支持你的判斷？
或是，問題根本不在這裡？
我們常常把資源放錯地方，
花在硬體建設太多，反而在軟體，
也就是作品的投資、人才的培育，
卻只分配到非常少的經費。

出名前餓死，出名後累死

「二〇一五年四月正式啟用時，一定要記得去參觀！」A寶看著雲門舞集淡水文化藝術教育中心將舉辦落成祈福典禮的新聞，一邊跟大家宣告。

B寶聽到了，唸著同一天另外一版的新聞唱反調：「立法委員在審查文化部二〇一五年度總共一百多億元的預算時，強烈批評龍應台部長，認為對雲門舞集太偏愛了，給了他們四千萬元補助，可是對於全台灣所有地方的表演藝術團隊，總共只補助一千多萬。」

A寶一聽，好奇地立刻湊過去看，也說：「文化部去年預算總共編了一億元給五大台灣品牌的表演團體，包括雲門舞集、優人神鼓、紙風車、明華園，以及朱宗慶打擊樂團。」

我問她們：「你們覺得立法委員批評得有沒有道理？文化部應該將補助的預算平均分配給所有來申請的表演藝術團體嗎？」

A寶沉吟著：「好像有點不公平，但是也沒辦法誰申請就給誰啊？」

B寶也不太確定：「這幾個這麼出名的團體，門票銷售與募款能力應該都很強，好像應該濟弱扶傾？」

我嘆了口氣：「B寶的觀點的確是現今講求公平的社會氛圍下，立委振振有詞的理由。爸爸在講出不同觀點前，你們先想想看，林懷民老師曾經感慨說，台灣的表演團體在出名前會餓死，出名後會累死。為什麼？」

A寶感嘆地說：「很簡單啊，出名前既沒有票房，又得不到補助款，大家只好勒著肚皮為理想奉獻；等出了名，各地邀約多了，到處演出，所以會累死。」

我再暗示：「為什麼他們要到處演出，忙到把自己累死？」

AB寶一下子就被我問住了，沉默不語。

我再提醒：「其實去年提撥給這五大明星表演團體的補助款時，就曾引起立法委員的強烈批判，後來優劇團好像還拒絕政府的補助，因為他們太累了，無法負荷政府繁瑣的要求。」

A寶恍然大悟：「原來這錢不是平白無故給他們的？」

我笑笑說：「怎麼可能？政府的要求與單據核銷向來是非常嚴謹的。即使這些出名的藝術團體票房很好，場場滿座，往往也是入不敷出，需要政府或企業的贊助。」

B寶回應：「難怪那些國際知名的藝術團體，都是由政府單位固定撥預算支持的。」

把有限資源放對地方

A寶有點困惑：「可是為什麼那些演唱會不必政府補助，還可以賺大錢？」

我為A寶按讚：「好問題！所謂表演藝術團體與商業演出團體，差別在哪裡？」

B寶搞笑說：「能賺錢的是商業團體，無法賺錢的是藝術團體。」

我說：「究竟是藝術還是流行，其實兩者之間的界線不太容易區分。商業表演也會沒有票房，沒人捧場；藝術表演也可能很受歡迎。」

A寶也想了想：「是不是跟一幅畫作究竟是藝術還是工匠作品一樣，很難絕對的區分？」

我回到原先的主題：「這個你們再想想，以後咱們再來討論。你們還沒回答我剛剛問的，究竟你們是支持立法委員的批評，還是贊成文化部的做法？」

B寶有點騎牆：「好像雙方都有點道理？」

A寶認為：「台灣好不容易有幾個具有國際知名度的表演團體，讓他們更有機會在國際上發光發熱，也是應該的。」

我點點頭：「的確，歸根究柢是文化部的預算太少了。我總認為我們常常把資源放錯地方，花在硬體建設太多，比如各級政府到處蓋蚊子館，一下子幾億、幾十億花錢蓋，然後每間閒置的場館又得編列幾百萬、幾千萬的維護費，反而在軟體，也就是作品的投資、人才的培育，卻只分配到非常少的經費。」

文化就是生活，花在文化上面，才能提升人民的生活品質與幸福感。台灣往往把資源錯置，是我們最憂心的地方。

對話之後：

看著還在求學階段的ＡＢ寶，一邊也反省著，我們這一代的大人是否把有限的資源放對地方，讓下一代仍然擁有世界的競爭力，以及幸福快樂的未來？

24 從同性婚姻到多元成家

這篇新聞，可以讓孩子學到：

現在的社會跟我們想像的不一樣了，
一夫一妻與孩子成立的核心家庭
已經不到一半，
有愈來愈多人終生未婚，
二個或三、五個好朋友一輩子相依為命。
家庭概念早晚一定會擴充，
更加尊重多元性別或同性婚姻
甚至多元成家都是世界趨勢。

法律是住在一起的人的共同利益

「這是什麼立委嘛！怎麼會這麼離譜！」A寶用不可置信的語氣嚷嚷著。

B寶湊過去，看看A寶到底為了什麼報導那麼氣憤：「原來是討論同性婚姻的立法。二〇一三年底，支持多元成家與反對的團體各自動員，共有十萬人上街頭遊行，我剛好路過，也拿了雙方的一些資料，不過還沒有仔細看。」

A寶還是覺得很誇張：「就算反對同性戀結婚，也不該說什麼會造成人獸交、用藥風氣、破壞道德倫理什麼的，這未免太歧視人了吧！」

我看她們討論得熱烈，也趁機摻一腳：「兩個人彼此合得來，住在一起，不管同性或異性，在這時代其實也沒人管。為什麼他們要爭取立法可以結婚？結不結婚不一樣嗎？」

A寶想了一下，才回答：「不管結婚或離婚，都必須到政府機關公證登記。要符合法律規定，所以應該有些條件或限制，有法定的權利和義務。」

B寶回憶起以前我曾經跟她們聊過的：「是不是有人類學家主張，私有財產與夫妻婚姻制度是一起演進形成的。」

我稱讚AB寶：「你們說得不錯，婚姻是一種經法律規範的制度。我先問你們，法律的目的是什麼？道德的目的又是什麼？」

A寶很快地回答：「法律是用來規範或限制我們的行為。」

我搖搖頭：「當然法律與道德都是用來規範我們的行為的，只是法律有明文規定，道德沒有明確的條文；違反法律有具體的處罰，違反道德沒有明文的懲罰。不過，你們還是沒有回答我的問題，為什麼人類社會要有法律？它的目的究竟是什麼？」

AB寶搞不懂：「什麼意思？」

我只好提示她們：「中國歷史上最出名也最簡潔的法律，也是成語『約法三章』的典故是什麼？」

B寶很快回答：「劉邦攻入京城後，頒布法律，殺人者死，傷人及盜抵罪。」

A寶恍然大悟：「法律的規範是為了讓大家可以安心過日子。」

我點點頭：「沒錯，我認為法律的目的是居住在一起的人，為了共同利益所訂定出來的規範。比如說，大家依規定，紅燈停綠燈走，對大家都有好處；比如說，殺人的要被抓去關，打人的犯法，那麼大家就可以比較安心，不會被別人打，不會被別人殺。因此，法律既然是住在一起的人的共同利益，當然會隨著時代、隨著不同地區而不斷改變，不斷調整。」

B寶有點疑惑：「會嗎？法律會不斷改變，不斷調整？」

我哈哈大笑：「你們忘了嗎？我們為什麼要有個怪獸般的立法院？就是要因應時代變化而修改或訂定新法律的機構。不要說法律不斷在變，連道德觀念也不斷在變啊！」

A寶說：「道德倫理不是人性的呈現嗎？也會不斷改變？」

我舉例：「比方說目前的法律也好，道德也好，認為婚姻關係中的劈腿外遇，是無法容忍的背叛，但是也才幾十年前，男人娶好多個妻妾是很正常的事，即使現在，有很多地區仍然允許一夫多妻。又比如說，不同種族的男女相愛結婚，在現代是天經地義的事，但是不到五十年前，美國還有很多個州，白人與黑人結婚是犯法的，必須被抓去關。」

從實務面解決，再鬆動既有的價值觀

A寶嫌我把話題扯太遠了：「爸爸，先說你支不支持同性戀可以結婚？」

我哈哈大笑：「先不要管我個人支不支持，我認為依照世界的潮流趨勢，同性婚姻會逐漸被大部分的人類社會認可。目前已有二十來個國家的同性婚姻已合法，而美國經過十多年的爭辯與討論，也有愈來愈多的州政府允許同性婚姻。過去宗教團體反對最厲害，尤其是保守的天主教，不過天主教前年新上任的教宗方濟各，主張接納同性戀。他說，若天主在創造人類時，願意冒險讓我們有自由意志，那我憑什麼介入？」

B寶也附議：「這幾年的醫學研究已證實，同性戀的傾向是與生俱來的，是無法矯治的，也不需要矯治，不是病，也不是不正常。」

A寶也說：「既然是正常的人，應該跟其他人有一樣的人權與保障，所以我支持同性婚姻。」

我倒是提醒AB寶：「雖然我認為更加尊重多元性別或同性婚姻甚至多元成家都是世界趨勢，但是你們想想看，為何現階段在台灣，會引起『保護家庭大聯盟』的強力反對？」

A寶有研究過資料：「他們擔心到時候同性戀伴侶依法領養小孩，破壞自古以來一夫一妻及孩子的家庭定義。」

B寶說：「他們是不是如那位離譜的立委所說的，擔心性解放？」

我點點頭：「這個議題正反方既然已在全世界論戰十多年，當然各有各的觀點與依據，雖然我還是覺得最後應該會朝向更重視人權、更多元的方向走，但是

目前有些同志團體或性別平等團體，在爭取權益過程中有比較激烈的言行或主張，的確也令比較保守傳統的團體害怕。我覺得，或許先一步一步解決同性伴侶在財產與醫療上面對的困境，這些比較沒有人會反對的部分，然後再談其他權益。也就是從實務面解決後，再鬆動既有的價值觀。」

A寶問：「多元成家與同性婚姻不一樣嗎？」

我回答：「台灣推動的多元成家觀念，比目前世界各國討論的同性婚姻更進一步，也就是不管同性、異性，兩人、多人，只要出於自願成立家庭關係，都能獲得法律上的承認。換句話說，『伴侶盟』推動的多元成家立法包含三個概念，第一種就是剛剛我們討論的同性伴侶；另一種是兩人雖然沒有性關係，也沒有血緣關係，但是希望成立如夫妻家人般具有法律上權利義務的家庭；第三種就是三人以上，雖然沒有血緣關係，但是願意成立如同家屬般的家庭。」

B寶吐吐舌頭：「聽起來好複雜喔！」

我笑笑說：「其實現在的社會真的跟我們想像的完全不一樣了，一夫一妻與孩子成立的核心家庭已經不到一半，有愈來愈多人終生未婚，不管是二個或三、五個好朋友一輩子相依為命，老了沒有任何親戚家人在身邊的現象一定會愈來愈普遍。依我看，家庭概念早晚一定會擴充，各種法律也會隨之調整，這終究是大勢所趨。」

A寶提醒我們：「即使是大勢所趨，也必須有人去爭取，去改變，才能成為事實！」

B寶也附和：「所以在重要議題上大家必須表示意見，在討論中才能夠凝聚共識，改變觀念。」

看到AB寶的正氣凜然，我欣然地為她們鼓掌。

對話之後：

不管基於種族、血統，甚至興趣、習慣，人類天生就喜歡跟我們一樣的人，對於「非我族類」總有著排斥或厭惡的感覺。在這個全球化的時代，人的互動往來非常頻繁的社會，接納與我們不同的人，是重要的公民素養，最起碼也要做到不在言語或行為上歧視其他人。同性婚姻或許還有許多爭議與法律難題要解決，但是尊重並保障基本人權，是要讓孩子瞭解的普世價值。

25 小七是惡靈還是土地公？

這篇新聞，可以讓孩子學到：

蘭嶼面對的問題
也像台灣許多原住民保留區一樣，
漢人的資產與營利思維的滲透，
會使得當地呈現無政府般，
無秩序、也無法整體規劃的爆發性成長。
以前的廬山溫泉，
現在的合歡山民宿，
都是血淚般的殷鑑啊！

便利商店成為文明與傳統拔河的象徵

「劉克襄老師闖禍了，因為一篇文章被大家群起圍剿！」A寶看著報紙說。

B寶也對她們在中學時度過長長海洋假期的蘭嶼很有興趣，連忙找接連幾天的報紙，同時問我：「爸爸，你同意劉克襄老師所說，便利超商將成為漢人帶給蘭嶼的另一個惡靈嗎？」

我還沒回答，A寶就唸著報紙上眾多對劉老師的批評：「有人說這不關天龍國的事，是都市人的後花園心態，希望蘭嶼不要變，可以去度假享受異國風情，難道他們不能享有便利生活嗎？還有人更刻薄，批評說難道一定要把我們當成稀有動物觀賞嗎？自己過著有超商的便利生活，卻不願意蘭嶼有超商，這種上對下的指導是一種漢人中心的自我膨脹……。哇！太多了。好像也言之成理耶！」

我問AB寶：「你們也認識劉老師，知道他並不是評論所說的漢人中心的優越思維，那麼他所擔心的是什麼？」

A寶思索著：「蘭嶼與台灣其他離島都不同，很難得的，一直到現代，它都還不屬於漢人社會，而且有一個非常完整獨特的文化。就像劉老師所說的，蘭嶼的血緣與文化，其實與菲律賓原住民比較接近，可是菲律賓的相關文化已經完全流失，只有蘭嶼還完整保留，可以說是罕見的世界文化遺產。」

我繼續問：「所以呢？」

B寶接著回答：「蘭嶼前幾年的獨木舟入海儀式我們看過，知道他們還保留人類自古以來，部落時代那種共同勞動、共同分享的社會。我猜劉老師是擔心超商這種現金買賣、貨幣交易的行為，會改變蘭嶼原住民的傳統習俗。」

A寶打槍：「我看他們早就很習慣賣東西賺錢。我們去住民宿，租浮潛器材，不都是要花錢嗎？」

B寶也附議：「如果說超商會改變傳統文化，我看影響更大的是電視與網路吧，還有到蘭嶼消費的觀光客？」

我嘆了口氣：「你們說得很好，但是為什麼超商會成為文明與傳統互相拔河的具體象徵呢？」

A寶想了一下才回答：「之前我們看過吳念真導演拍的一部十分鐘短片，好像也是以台灣偏鄉一家小雜貨店，因為附近開了便利超商而倒閉的故事。是不是超商太貼近人們的日常生活，所以很容易就改變了我們的生活習慣？」

B寶也回應：「你們常常懷念小時候的柑仔店，可是時代變了就是變了，我看假如社區裡沒有超商，你們也會覺得很不方便吧？我想，搞不好大部分的人認為便利超商不但不是惡靈，而是照顧居民的土地公呢？」

我嘆了口氣：「台灣的超商實在太厲害了，它早就不只是賣零嘴的小商店，而是提供多元整合服務的實體平台。透過超商的連結，幾乎我們日常生活所需食衣住行育樂的所有服務都可以完成。不過，像超商或麥當勞這種制式的連鎖店，多年來一直被全世界關心在地產業、在地文化的有識之士，指稱為破壞地方經濟的元凶。

「我記得多年前，爸爸還在擔任荒野保護協會理事長時，那時候統一超商的徐重仁總經理與荒野合作幾個計畫，除了推動繪製社區綠色生活的地圖之外，也共同營建學校的濕地生態池。不過，當時也有荒野幹部反對我們與『邪惡的資本主義代表』來合作呢！」

土地利用是蘭嶼最大的挑戰

A寶聽了很興奮：「原來你那麼早以前就曾面對這類議題的挑戰。」

我點點頭：「其實B寶說的也沒錯，時代改變了，如何找到傳統文化與物質消費的平衡點，就像我們一直以永續社會的角度尋求環境保護與經濟發展之間的平衡一樣，是一場永無止盡的努力過程。」

我頓了一下，回到一開始討論的主題：「你們認為，蘭嶼傳統文化面對最大的挑戰是什麼呢？」

A寶說：「上次我們去，看到許多雜亂無章的水泥建築，傳統的半穴屋只剩下小小的區域，而且到處都在大興土木。我擔心沒有規劃的建設，很快會毀了當地美麗的景觀與純樸的社會風氣。」

B寶也說：「愈來愈多的豪華民宿，沒有文化特色的餐廳，恐怕過沒多久，就會變成與台灣到處都一樣的觀光地區了。」

我也很擔心：「我猜測蘭嶼面對的問題也像台灣許多原住民保留區一樣，漢人的資產與營利思維的滲透，會使得當地呈現無政府般，無秩序、也無法整體規劃的爆發性成長。唉！以前的廬山溫泉，現在的合歡山民宿，都是血淚般的殷鑑啊！」

A寶也憂慮了：「那該怎麼辦？」

我搖搖頭：「外人很難介入，甚至以漢人為主的中央政府、縣市政府也不太有立場介入管理。更無解的是，整個蘭嶼土地，幾乎沒有明確的地籍資料與所有權人登錄，因為他們的土地基本上是集體共有，傳統族人依著自古以來的社會組織及傳統習俗，各自分配到土地的使用權，再透過世代相傳，以部落長老的默契，使部落的土地使用維持和諧的狀態。為了尊重蘭嶼的傳統文化，基本上政府就是不太干涉他們如何使用土地。」

B寶嚇了一跳：「所以他們高興怎麼蓋房子就怎麼蓋，不需申請執照，不必經過什麼單位許可？」

我嘆了口氣：「沒錯！很好笑的是，整個蘭嶼島若以現行的政府法規來看，只有核廢料貯存場有取得建照，是唯一合法的建築，其他所有房子，不管是公家單位或民宅，全都是違建。因為蘭嶼的老人家排斥土地登記，認為這塊土地自古以來，祖先就在這裡耕種，就住在這裡，土地遺留給我，為什麼要登記？蘭嶼島的土地基本上是沒有戶籍登記的，而土地未登記就無法取得建照，所以蘭嶼島的建築都是違建。」

A寶驚呼一聲：「太酷了！」

我繼續說：「以前從政府到當地民眾，對這個問題都是睜一隻眼閉一隻眼，但是隨著觀光客增加，商業資金的湧入，倘若還不正視這個問題，將整個蘭嶼的土地利用做整體規劃，比如規定什麼地方可以蓋房子，什麼地方不能蓋，建築物的高度與容積率等等，一定要盡快處理，當然也必須透過居民的討論取得共識，不然等到海岸邊全蓋滿不協調的房子時，就來不及了！」

對話之後：

看著AB寶若有所思的表情，不知她們是否能學會，從單一社會新聞看到新聞背後更複雜且盤根錯節的問題？許多問題沒有絕對的是非對錯，更多的只是價值選擇，也就是你願意為什麼價值付出什麼代價；任何選擇也會隨著當下的環境與社會條件而不斷改變。當孩子瞭解這點，就能以理性的態度面對許多問題的爭議。

第四部

我們的生活，我們的未來

26 訂做一個完美的孩子

這篇新聞，可以讓孩子學到：

隨著基因檢測技術愈進步、
愈便宜之後，
社會不平等自胚胎就開始，
我們必須面對新的道德倫理問題。
而另一方面，
設置台灣人的基因資料庫，
改善台灣人各種慢性疾病的治療效果，
卻是刻不容緩的事。

疾病可以透過基因檢測預知？

「你們知道著名的女明星安潔莉娜．裘莉，檢測了自己的基因，為了預防乳癌而將自己兩個乳房切除的新聞嗎？你們的意見如何？」我問AB寶。

A寶聳聳肩說：「太勇敢了！」

B寶有點懷疑：「只是預防，根本還不一定會罹患乳癌，就做這樣的手術，未免太小題大作了。」

A寶問：「真的只是為了預防嗎？乳癌真的可以單憑基因，就知道誰會得到嗎？」

原本想藉由這個新聞議題，跟她們討論某些科技會衍生的倫理問題，看來還是要說明一下背景知識。

我告訴她們：「科學家一直想破解遺傳的奧秘，也就是人類基因的秘密。美國前總統柯林頓時代，就傾全國之力，號召最頂尖的研究室與最傑出的科學家，投入龐大經費，花了十年，總算在二〇〇三年將人類三十億個基因定序。而隨著科技進步，一日千里，如今任何一個人只要花將近一千塊美金，不到五、六小時，就能解讀自己所有的基因。配合現在的大數據技術，醫學研究更精密準確了。」

A寶再問：「所以安潔莉娜．裘莉就是透過基因檢測，瞭解自己很可能會罹患乳癌，而預先切除掉乳房？」

我搖搖頭：「我覺得這是不太好的示範。包括乳癌，許多癌症或遺傳性的致病基因，其實是多因子造成的疾病，除了基因之外，還必須合併如環境、個人後天生活習慣等因素。像安潔莉娜．裘莉帶有乳癌傾向基因的人，通常建議是做更密切的追蹤，等到真的有發病跡象，再及早處理。頂多是預防性給藥，至於做到切除，真的是太極端了。」

B寶不太認同：「那也只是她的選擇而已，你怎麼說那是不好的示範呢？」

我說：「問得好！因為她是名人，一舉一動是有影響力的。她選擇積極主動去處理基因缺陷，你們猜測，會鼓勵了哪些後續的行為？」

AB寶面面相覷，不知該如何回答。

我只好繼續說：「那麼，有錢有能力的人，是不是就會主動篩選，訂做一個最完美的小孩？」

AB寶嚇了一跳：「啥？」

胚胎訂做的道德問題

我嘆口氣：「人類的遺傳疾病有一萬多種，其中一千七百種左右是來自特定基因的突變，而某些生理特徵，比如身高、體重等等，跟基因也有密切關係。你們想想看，今天假如有一對有錢的夫妻，選擇體外受精，將受精卵先在培養皿形成胚胎，再從胚胎中取得細胞，檢測是否帶有致病基因，甚至進一步選擇一個擁有傑出優秀完美基因的胚胎，再將那個胚胎移植到母體中。換句話說，當一個人在娘胎內就比其他孩子具有競爭力，這樣公平嗎？」

A寶覺得不可思議：「這是真的嗎？」

我點點頭：「目前已有人這麼做了。我擔心經由這位大明星的示範，以後會愈來愈流行。這是新的道德倫理問題，也是隨著基因檢測技術愈進步、愈便宜之後，我們必須面對的。就像現在，政府已經規定婦女懷孕的頭幾個月，醫生不能告訴孕婦懷的是男孩還是女孩，以免在還可以做流產手術時，將不想要的胎兒拿掉。」

A寶恍然大悟：「那麼社會不公平與貧富世襲的情形，會從現在自孩子小時候學習資源的不平等，延伸到自胚胎起就不平等。」

讀醫學系的B寶想到我剛剛沒說清楚的：「你說致病基因只是傾向，也就是不一定會發病？」

我點點頭：「有少數幾個遺傳基因缺陷是比較確定會發病的，比如你們以前生物課讀過的：海洋性貧血、血友病、玻璃娃娃、唐氏症……等等；但是其他常見的如肥胖、糖尿病、過敏等，只是有關，不是直接的因果關係。」

我再換個話題：「對了，現在許多健檢中心或生物科技公司，開始宣傳一些高價自費的健檢，比如癌症基因檢測、全基因圖譜檢測，宣稱可以掌握治療先機，有效預防。你們覺得如何？如果錢不是問題，你們會去檢測自己將來也許會得到什麼病嗎？」

B寶肯定：「如果可以先預防，節省以後的治療成本，應該是好事吧？」

A寶沒那麼肯定：「假如像爸爸所說的，很多病只是可能會得，但又不一定，只會把自己搞得疑神疑鬼、提心吊膽的。」

我點點頭：「我比較支持A寶。因為有太多基因缺陷的疾病，是無從預防也無法治療的，那麼預先知道有什麼意義？何況目前基因治病傾向的研究，大多來自國外，而許多疾病是多因子疾病，與生活習慣、所處環境，甚至種族差異都會有不同的表現。」

我拿出一份中央研究院生物醫學研究所正在進行的『台灣人體生物資料庫』計畫給AB寶看，同時說：「爸爸不久前才到生醫所演講，也聽執行這項計畫的科學家說明，原來政府從二〇一二年起，開始建置全台灣的人體生物資料庫，希望十年內能蒐集二十萬筆三十歲到七十歲的台灣人資料，以供全台灣所有的醫療研究人員方便地使用這個資料庫，研究現今住在台灣的民眾，各種慢性病的最有效治療方法。」

B寶有點好奇：「生物資料庫包括那些資料？」

我翻開手上一大疊資料，一邊說明：「除了一般的身體檢查，如身高、體重、血壓脈搏、體脂肪、骨密度、肺功能……之外，還包括血液與尿液檢體，因為透過血液，就可以建立基因圖譜。除此之外，還必須填寫非常詳盡的問卷，包括各種生活習慣、飲食習慣、職業、過去個人與家庭病史……等等。最重要的是長期追蹤，希望每兩年追蹤一次。」

A寶問：「為什麼長期追蹤那麼重要？」

我回答：「只有透過長期追蹤，才知道健康的變化，尤其輔以巨量資料的技術分析，我們就知道具有哪些習慣、哪些基因的人，可能會有哪些健康上的變化。這些資料若數量少，也許沒有代表性，研究結果就不會準確；而且當某個醫生想做某項研究，才開始去蒐集個人資料，我想絕大部分的研究經費，根本無法負擔如此大的成本，更不用說長期追蹤了。所以，這個龐大的基礎資料建置工作，非得出國家來完成，再免費提供給所有醫學中心、所有科學家有相關的研究計畫時來申請。」

B寶有點擔心：「這些非常隱私的個人資料，會不會外洩啊？」

我點點頭：「的確，這也是人權團體最擔心的。也因此台灣特別花了幾年時間研究，訂定相關的法律來限制與管控。中研院對生物資料庫也有非常多層級的安全防護，我相信外洩的疑慮是不用擔心的。即便研究者申請樣本與資料時，各個檢體不會出現提供者的名字，只是個代碼，甚至只要有任何特定的個人資料外洩，研究者、生醫所主管，甚至中研院院長都會被判刑，被抓去關。」

A寶說：「所以爸爸支持政府收集大家的基因資料？」

我笑笑說：「不是收集全部人的基因資料，中研院只計畫收集二十萬個自願者的資料，以供所有醫學研究者能做出更好的醫學研究，改善台灣人各種慢性疾病的治療效果，訂定預防慢性病的策略，將有限的醫療資源花在最恰當的地方。

更重要的是，我們自己不做，就不會有這些資料。許多藥物或治療方法，其實只對外國人的體質或他們的生活環境下有效，如果沒有自己的研究，也只能依照外國人的處方，這對台灣的慢性疾病治療效果也許是有限的。」

A寶也附和：「看來這好像蠻重要的。」

B寶關心進行狀況：「現在已經收集多少了？」

我回答：「或許才剛開始，民眾還不太清楚，這兩年來，收集到三萬人左右，以後每兩年的長期追蹤才是關鍵。爸爸蠻希望這個政府投入非常龐大資源的政策可以順利成功，除了攸關每個人的身體健康、醫療品質之外，也可以節省台灣長期的醫療資源呢。」

對話之後：

坊間近年來將基因圖譜做商業化使用後，還有許多倫理的顧慮，是每一個當代人都將面對的議題。科技進展太快速，法律不但跟不上，甚至也不斷挑戰我們既有的價值觀或道德觀。許多議題都還在發展中，值得大人與孩子一起學習。

27 資源回收是一門好生意

這篇新聞，可以讓孩子學到：

垃圾是放錯地方的資源，
世界上應該沒有所謂垃圾，
只要我們用腦，還有用心，
就可以讓所有垃圾發揮作用。
要達到資源可以不斷循環、
零廢棄的理想，
這是從現在到未來，
值得好好發揮的產業。

從丟垃圾到搶垃圾

吃晚飯時，ＡＢ寶詢問媽媽，可不可以邀請她們的美國朋友帶新婚太太住我們家。只見媽媽皺著眉頭說：「家裡正在大掃除，亂得不得了，除非你們自己想辦法把搬出來的東西清空。」

我忽然想到：「你們認識不少來台灣工作的老外，他們對台灣最特別的印象是什麼？」

ＡＢ寶互看了一眼，笑說：「這個問題我們討論過了，就是每天晚上台北市的大街小巷，人人拎著大包小包，等著垃圾車的場景。」

媽媽也附和：「倒垃圾是和左鄰右舍、樓上樓下敦親睦鄰的好機會啊！平常大家都忙，匆匆來去，只有在等垃圾車的時候，可以名正言順地東家長西家短。」

我也哈哈大笑：「的確，台北市垃圾不落地政策居然一試就成功，讓很多人跌破眼鏡。其實全台灣曾經有一段垃圾大戰的恐怖時期。」

「垃圾大戰？」ＡＢ寶聽不懂。

「大約民國七十年左右吧，台灣經濟起飛，消費增加，垃圾量也大增，但是那時政府還沒有資源回收的機制，也沒有蓋垃圾焚化爐，所有垃圾就是載到所謂掩埋場一扔了事。記得當時單單淡水河上游到下游就有數十個掩埋場，其實絕大部分也談不上什麼掩埋，就是往河邊一倒，垃圾隨處飄，颱風大雨一來，若能沖走，眼不見為淨最好。」

「哇！怎麼會這樣？」AB寶無法置信。

我搖搖頭，嘆口氣：「當時所謂的垃圾大戰，就是有的縣市沒有夠大的掩埋場，沒辦法好好處理而弄得髒臭不堪，附近的居民便群起抗爭，不讓垃圾車進入。當時許多鄉鎮垃圾車就在全省到處流竄，各地居民紛紛在馬路設置障礙，不讓車子進入自己的鄉鎮，於是街道上到處堆滿了垃圾無法清理。」

AB寶嚇得張大嘴巴，說不出話來。

我繼續說：「幸好當時政府多管齊下，一方面幫各地方政府尋找垃圾掩埋場，另一方面也撥出經費打算每個縣市都蓋一座焚化廠，同時也開始推動資源回收的概念，希望能減少垃圾量。」

A寶點點頭：「垃圾是放錯地方的資源！」

「說得好！」我說：「其實台灣的資源回收做得還不錯，回收率已有百分之六十幾，和歐洲非常重視環保的德國都屬於全球的領先群。英國最著名的《經濟學人》雜誌，也把台北列為亞洲環保的最佳典範呢！這是很不容易的。」

B寶分享：「最近幾次國際大型的運動比賽，比如奧運或世界盃足球賽，都提到運動員所穿的衣服是由台灣製造，而且是百分之百回收的寶特瓶做成的。」

A寶也補充：「好像咖啡渣也可以做成衣服？」

我點點頭附和：「就像A寶剛剛說的，垃圾是放錯地方的資源，世界上應該沒有所謂垃圾，只要我們用腦，還有用心，就可以讓所有垃圾發揮作用。這也是從現在到未來，值得好好發揮的產業，所謂從垃圾裡淘金哪！」

從3R到5R

A寶說：「我參觀過慈濟的資源回收站，有好多志工在幫忙做分類與回收。」

我說：「慈濟目前在全台灣有四千多個資源回收點，二百多個集中站，單單A寶上次去參觀的台北內湖的一個站，每個月資源回收所賺的錢就有六、七十萬元。」

B寶有點疑惑：「可是我也聽到有人說，慈濟這麼大的機構，動員這麼多的信徒與志工，是跟可憐的拾荒老先生、老太太搶資源。」

我回答：「話不能這麼說，慈濟在二十多年前就開始推動環保與回收，當時政府根本還沒起步，何況慈濟的回收經費是專款用在大愛電視台的運作，為台灣多創造一個良善的媒體空間，培養影視創作人才，這都是好事啊！其實不管是慈善團體、政府或個人，只要有心從事資源再利用，我們都應該樂觀其成。」

反應快的A寶搭腔：「這是另一種垃圾大戰，搶垃圾的大戰！」

媽媽提出問題：「以前對於垃圾，我們都說『三R』，現在更進步到『五R』，你們知道是哪五R嗎？」

B寶說：「三R第一是減量（Reduce），比如減少不必要的包裝；第二是再使用（Reuse），也就是二手商品的流通；第三是再利用（Recycle），也就是像寶特瓶回收後製成其他物品。」

我看她們不知道另外二R，就提醒她們：「如果要達到資源可以不斷循環、零廢棄的理想，除了前三個R之外，還必須做什麼？」

A寶想著：「如果沒辦法回收再利用，不是燒掉就是埋掉了？」

我再暗示：「單單燒掉或埋掉是不是有點可惜？」

A寶恍然大悟：「燒掉，就像是燒煤、燒瓦斯，是一種能源嗎？」

B寶也想到：「單單埋掉太可惜，是不是可以利用做為磚石？」

我為她們鼓掌：「沒錯，如果經過種種努力也沒有辦法做任何再利用時，就送到焚化爐，但是仍可以利用科技，將那些熱能轉變成電能，然後將燒完的灰渣做成磚石，目前是規劃做為填海造陸這類規模較大的需求。」

媽媽忽然想到：「你們小時候住過的內湖，以前有個出名的垃圾山，現在已經變成漂亮的公園了。」

我也回應：「不只台北當初的幾個垃圾掩埋場都化身為公園，台中、高雄幾乎當年大家避之惟恐不及的垃圾場，現在都是民眾休閒的好去處。台灣的垃圾已經完全不用掩埋的，各縣市所蓋的焚化爐往往也找不到足夠的垃圾來燒呢！」

我們一邊說著，一邊吃著飯，忽然「少女的祈禱」音樂聲響起，AB寶很自動地到廚房整理廚餘，打算拿到垃圾車做資源回收。

對話之後：

「垃圾是放錯地方的資源」，這個概念除了用在資源回收之外，也可用在看待生活中萬事萬物的態度，包括欣賞每一個朋友的獨特之處。因為知足，懂得欣賞的孩子較易擁有幸福快樂的人生。

這篇新聞，可以讓孩子學到：

無論是科技農民、
社區型農業或小農市集，
農村不再是等待救助的對象，
而是引領台灣走出當前困境的產業典範。
歐盟成立農業與環境資源部，
因為他們瞭解，
農業問題不只是農民的問題，
而是全人類能否永續發展的最關鍵問題。

看報表的科技新農民

去年還在讀高中的AB寶，看著學長姊一波波湧上街頭，反對服務貿易協定，她們一邊準備大學入學甄試的口試資料，一邊忍不住問我的看法：「爸爸，以前上課的時候，老師說不能閉關自守，要國際化，要迎向世界，為什麼現在又有這麼多老師、學生反對呢？」

我嘆了口氣：「這個問題很複雜。長久以來，資本主義假藉自由開放之名弱肉強食，毀了許多國家的在地經濟，拉大貧富懸殊，形成許多不公不義的社會問題，因此民間團體向來反對這種沒有管制、放任的資本主義。」

我停頓了一下，才繼續說：「但是我們也得承認現況，全世界的經濟發展與科技文明進展，除了北韓，幾乎沒有一個國家敢自外於全球化，尤其對於沒有太多資源、無法閉關自守、完全自給自足的國家來說，加入全世界的競爭也是不得不的唯一選擇。目前各國政府所能做的，恐怕也只有一邊開放，一邊想辦法降低衝擊，另一方面也要協助許多行業轉型，提高附加價值，讓民眾更有競爭力。」

我一邊把正在整理的舊雜誌與剪報資料挑了幾篇給她們看，一邊說：「在十多年前，台灣為了加入WTO（世界貿易組織），被迫開放許多國外農產品進口，當時許多農地被迫廢耕，政府只好以休耕補助，讓農民得以維繫生活。幸好經過大家的努力，這些年來的確也出現了許多新的契機。」

A寶看著我遞過去的雜誌說：「科技新農民？」

我點點頭：「這些年來，有許多高學歷的知識分子，甚至擁有碩士博士學位的年輕人，投入了第一線的農事耕作，除了種菜種稻，也包括養雞養鴨養魚等等產業。如今已經可以看到穿著西裝、手拿iPhone、善用網路的新世代農夫。」

B寶忽然想到：「我知道好多個荒野保護協會的志工，原來在新竹科學園區工作，現在都辭職改行種田。」

我笑著說：「爸爸的確有不少朋友為了追求幸福感，離開都市生活回到老家，投入農耕。這些傑出人才將傳統農業變成了高科技產業，不但開創出台灣的農業新希望，也追尋到自己想要的人生。你們大概很難想像，我們多認為農夫是日出而作、日落而息，但是這些科技新農民，晚上還有一堆報表要看，也要嘗試許多新的生物實驗，同時還要在網路上與人互動，行銷推廣，幾乎是十八般武藝樣樣精通！」

AB寶同聲讚歎：「哇！真酷！」

植栽也是一種美的產業

我繼續說：「爸爸認識一位目前在台南種蘭花的朋友，原本他在台北讀經濟系，自己開個公司，他太太讀音樂系，是音樂老師，後來回老家承繼他父親的農地。我去參觀過他的蘭花園，簡直像無塵的高科技工廠，在恆溫恆濕的空調下，美麗的蝴蝶蘭像是國慶大典上的標兵，排列得整整齊齊。更神奇的是，成千上萬株活生生的蝴蝶蘭居然長得一模一樣，每一盆花的顏色、高度、昂起的角度絲毫不差。」

AB寶訝異得張大了嘴：「哇！」

我得意地說：「全世界的蘭花每三株就有一株來自台灣，台灣在花卉的育種、栽培都有非常棒的表現。除了已科技化、自動化的溫室之外，源頭無菌室的組織培養，像是我們讀書時的實驗室。如同高科技電子產品一樣，植物品種也進入專利的保護範圍，尤其花卉已經像流行服飾般，是一種美的產業，必須預測下一季會流行什麼顏色、什麼款式，然後就培育那一品種的花卉。有的農友甚至已進展到品牌設計師的高度，有育種家自己獨特的風格與特色呢！」

AB寶聽得一愣一愣的，等了一會，A寶才回應：「我曾經看過水耕蔬菜的報導，不只免除病蟲害，甚至可以達到無菌的程度。」

我點點頭：「台灣地方小，沒辦法像農地面積廣大的國家可以降低生產成本，所以只好朝安全無毒有機的方向，提高產品的附加價值。的確有愈來愈多人願意為了健康多花一點錢，同時也支持無毒、對環境友善的農產品。」

B寶提出問題：「有機農業與無毒農業有什麼不同？」

我回答：「目前農委會對有機認證的標準規定得相當嚴格，未取得驗證，不能稱自己的產品為有機，於是有許多以有機方式耕種、但尚未取得有機認證的產品，就稱為無毒農業。」

A寶說：「那麼有機一定比無毒來得好了？」

我搖搖頭：「話也不能這麼說，因為認證要花不少錢，對只有小面積耕地的農友很不利，他們負擔不了這個成本。其實我覺得，只要你知道是誰種的，彼此有信賴，就不必經由驗證。就像現在推動的社區型農業，如果消費者與生產者互相認識，這種信任關係是再多認證都比不上的。認證是在大規模消費市場中不得不的做法。」

B寶追著問：「什麼是社區型農業？」

我回答：「『社區支持型農業』是個別的消費者透過類似契作方式，直接向農民下訂單，跳過中間商與零售商的農業產銷方式。」

A寶搶著回答：「我知道，像是宜蘭賴青松的穀東俱樂部，或是我們在小學時去過的荒野淡水自然中心所號召的種田股東，就是社區支持型農業嗎？」

我點點頭：「沒錯，像是這種由第一線種田農友自己經營的網絡，或者透過類似主婦聯盟這樣的團體來共同採購，都算是。」

我停了一下，找出《女農討山誌》這本書，繼續說：「女農阿寶提倡『友善耕作』，她發現有一些有機栽培太耗能源，反而離有機最初的環保精神愈來愈遠。所以，她希望能強調在地產銷的社區協力農業，而且不要大量種單一作物，讓環境維持多樣化。」

B寶說：「是不是環保團體所講的『一百哩飲食』？」

A寶也補充：「各地的小農市集也是這種概念嗎？」

我點點頭：「沒錯。八年前台灣開始有農夫市集，至今已有六十多個，而且很多大型連鎖通路，比如百貨超市、量販店也都逐漸直接採購在地小農的產品，這是一個好現象。尤其剛主掌全聯超市的徐重仁先生，一上任就宣誓，將來所有農產品都要有生產履歷，讓我們吃的東西，從農地到餐桌都透明化。當我們可以知道所吃的食物來自哪一塊田，甚至是哪一位農友種的，除了吃得安心之外，也可以幫助台灣的農業轉型。」

最後我下了個結論：「我們要重新看待農業，農村不再是等待救助的對象，而是引領台灣走出當前困境的產業典範。歐盟成立農業與環境資源部，因為他們瞭解，農業問題不只是農民的問題，而是我們整個社會，甚至是全人類能否永續發展的最關鍵問題。」

對話之後：

人們重新看重農業，看重生養我們的這片大地，不是回到過去，而是重建可以永續的未來社會。台灣還需要更多的人才投入，也需要更多民眾願意以行動來參與，透過購買來支持我們共同的未來。

29

機器人會取代我們的工作嗎？

這篇新聞，可以讓孩子學到：

在未來，我們的工作內容
如果是一成不變，
可以用SOP標準操作流程控管的，
很可能會被機器人取代。
我們要做電腦不會做的工作，
也就是具有不斷創新能力的工作，
必須跟人互動的工作，
能夠獨立思考，並有能力做資源整合。

利用假期難得的好天氣，媽媽領軍，帶著AB寶進行春節前一年一度的全家大掃除。A寶站在椅子上，擦著陽台的落地窗，一邊唸著：「假如有機器人幫忙打掃，該多好啊！」

B寶提醒A寶：「羅叔叔家不是有一台像飛盤的掃地機器人嗎？我相信科技這麼進步，不久以後很多工作都會由機器人代勞。」

A寶想起來：「最近這一年機器人的話題很夯，媒體有不少相關報導，有些報導還預測不久之後，每五人就能擁有一台機器人。微軟創辦人比爾・蓋茲還說，家家戶戶都會有機器人呢！」

這時B寶反而不確定了：「數十年來，每一段時間就有人預言機器人的時代來臨了，還不都是太樂觀的預測。」

我在客廳整理堆在牆邊的資料，也加入AB寶的討論：「我們要看趨勢的轉變，不只是看有多少人在談，而是有多少人在做，已經採取實際行動。國內生產工業機器人的企業就說，二〇一四年是轉折點，因為以前客戶只是問、只是談，但現在已開始下訂單，開始買了。鴻海集團的郭董事長曾經說，他的工廠在二〇一四年要有百萬機器人大軍。你們想想看，為什麼眾多趨勢都指出，機器人會是未來最重要的產業？」

A寶先回答：「是不是鴻海之前出了一些工安意外，覺得機器人比工人好用？」我點點頭說：「的確，工廠裡許多危險、辛苦又無聊的工作，若是能交給耐高溫、耐汙染、精確不會出錯、二十四小時全年無休、不用退休金、又不要各種福利、更不會鬧脾氣的機器人來做，企業主也不用再擔心員工罷工、跳樓等風險，何樂不為？其他還有什麼原因？」

B寶接著回答：「因為人工智慧的進步，機器人愈來愈聰明，可以做的事愈來愈多，好像google公司正在全力發展無人車，也常聽到美國軍方用無人飛機進行偵查或轟炸任務？」

A寶挑B寶的毛病：「無人車算是機器人嗎？」我同意B寶的觀察：「機器人加上人工智慧，未來世界當真令人有無限的想像啊！機器人不一定必須是人的形狀，凡是能夠模擬人類的行為或思想，具有自動控制功能的機器，就可以稱為機器人。所以B寶說的，能夠自動駕駛的汽車的確也算是機器人，可以當作人坐在機器人的懷抱中嘛！如果以較廣義的機器人來講，這些年工業機器人已大量進駐工廠，甚至服務性機器人也悄悄進入我們的日常生活，甚至現在剛開始萌芽的穿戴裝置，讓人類與機器的連結變得更為自然，屆時或許人人都是部分的機器人呢？」

做電腦不會做的工作

停了一會，我繼續問AB寶：「你們揣測一下，假如便宜又好用的機器人開始出現在每一個領域，一定會改變每一個人的生活，那麼世界會有什麼變化？」

A寶想了一下才回答：「假如鴻海這兩年就用了一百萬台機器人，那麼會有多少人失業啊？」

我點點頭：「沒錯，英國牛津大學最近的研究報告指出，隨著機器人的普及，二十年內，有高達百分之四十七的工作將因為自動化而不見。」

A寶驚呼：「有將近一半的人會失業！」

我嘆口氣：「就像電腦的發明在過去二、三十年改變了我們的工作型態，未來的機器人也會改變我們現在所熟悉的一切。在未來，我們的工作內容若是一成不變，可以用SOP標準操作流程控管的，就有點危險了。尤其對最基層的製造業來說，大量引入人工智慧的自動化，也就是廣義的機器人，低階勞工的工作

機會就不見了。當然，不至於如牛津的研究報告說一半的人會失業，未來的確會少掉許多工作，但隨著社會發展，也會增加許多新的工作，只是這些工作必須具備更高素質的能力。不管對個人或企業或工廠來說，機器人是威脅，也是機會。」

B寶問：「機器人可以省下企業成本，怎麼會是威脅？」

我讚美B寶：「不錯，B寶有注意聽我說的話，問出了好問題。你們先想想看，機器人的出現，對哪些企業會有威脅？」

B寶恍然大悟：「哦，我知道了。那些規模太小的企業，沒辦法擴大投資的工廠，就被淘汰了！」

我附議B寶說的：「沒錯，這會加速大者恆大，小的就被淘汰的全球化趨勢，而且在機器人產業較先進、擁有大量資金的國家會得利。因此有人推測，過沒多久，從美國、歐洲外移到中國大陸的製造業，會回流美國。」

A寶有點擔心：「台灣多半是小工廠小企業，該怎麼辦？」

我安慰A寶：「過去做標準型、以價格取勝的小工廠應該會關門，只有轉型成靠手藝、個人化、特色化及小量生產的小企業才能存活。不過，也不必太為台灣的企業悲觀，其實我們也累積了數十年在電子、機械的高超技術能力，也有完整的產業鏈，甚至這些年來，台灣的大學生在機器人設計的各種世界競賽中也表現傑出，我們也有機會在這個未來產業中佔有一席之地。倒是我們個人若想在未來能找到工作，須具備哪些能力？」

A寶說：「剛剛爸爸提到，只要是標準操作流程的，就很危險。」

B寶也補充：「擁有的技術是明確不變的，也會被自動科技給取代。」

我點點頭：「沒錯，我們要做電腦不會做的工作，也就是具有不斷創新能力的工作，必須跟人互動的工作。要能夠獨立思考，有觀點，善用科技並有能力做資源整合。當然，也要具備學習能力，才能在舊的工作不見之後，自己創造出新的工作機會。」

對話之後：

站在AB寶擦亮的落地窗前眺望台北盆地，想起紛紛擾擾的十二年國教，當大家都在為入學方案爭吵時，可曾想想未來世界需要什麼樣的人才？人類比機器人及日新月異的人工智慧發展的唯一優勢，或許就在於我們能夠跳出框架的思考。但是，台灣的教育體系會不會把這個優勢不斷地挫傷呢？

30 紙本書會不會消失呀？

這篇新聞，可以讓孩子學到：

書就跟湯匙、鎚子、輪子或剪刀一樣，
一旦發明了這些東西，
就想不出更好的了。
當你翻開書頁開始閱讀，
只剩下書上的文字和作者的思維
活躍在我們的意識裡。
而看什麼書，或者手裡拿什麼書，
也會傳達出我們的品味。

書或許不再是紙做的，但書終究是書

「你們的同學或朋友裡，還有沒有人在看報紙或印刷的雜誌、書籍呢？」我問正在用電腦查資料的AB寶。

A寶回答說：「已經沒有人看報紙，雜誌或許還有一些，書要看情況。有幾個喜歡看書的好朋友還在看，但其他同學除了指定教科書之外，還有沒有在看其他的書，我就不清楚了。」

B寶也附和A寶：「我的同學也跟姊姊的同學類似吧？感覺要找到喜歡看課外書的朋友愈來愈難了。」

A寶好奇：「爸爸怎麼會問這個問題？」

我很感慨：「你們年輕人不看報紙我可以理解，可是連以前會看報紙的人，現在也似乎不太看了。前幾年我曾到某國立大學跟教職員做新書導讀，是某個報紙創辦六十週年的專題製作，我隨口問了一下還有多少人看報紙，居然只有一成左右，嚇了我一大跳。報紙的前途似乎很不樂觀，出版社發行的紙本書銷量也一直往下掉，A寶，你學傳播的，你如何看待數位時代裡的出版業？」

A寶想了一下：「報紙是以新聞為主，現代人看新聞，已經很習慣從電腦或行動裝置看，所以被取代是遲早的；而書籍是經過編輯，內容也比較有保存價值，我相信應該還會存在吧？」

B寶也想到一則報導：「不久之前，大陸國務院總理李克強在逛書店時曾說，紙質書還是永遠有市場，它是一種文化的象徵。」

我繼續問她們：「以紙張墨水印的書是書，以電子符號呈現的電子書也是書，古代用竹簡、用羊皮紙、用布帛製作的書也是書，書這種工具有它的作用，當然永遠不會消失。就像義大利學者安伯托・艾柯（Umberto Eco）所說，書就跟湯匙、鎚子、輪子或剪刀一樣，一旦發明了這些東西，就想不出更好的了。書已經通過考驗，在同樣的用途上，我們看不出要怎麼做才能做出比書更好的東西。或許書不再是紙做的，但書終究是書。換句話說，只要人類社會仍然珍惜從有學問的人那裡學習一些知識與想法，書就會存在。可是我的問題是，閱讀紙本書與電子書有何不同？紙本書會不見嗎？」

A寶說：「以同樣的內容來說，電子書跟其他數位訊息一樣，方便、好儲存、無遠弗屆，好處很多。」

B寶也補充：「不用砍樹，很環保，又廉價，對知識的普及有幫助。」

我提醒她們：「沒錯，以承載工具來說，電子書有非常多的優勢。但我問的是，閱讀的經驗兩者有何不同？」

實體書會自動隱形？

A寶回答：「我喜歡看紙本書，比較容易專心，看過之後印象也比較深刻，尤其對於內容較多且複雜的主題。」

B寶同意A寶的意見：「我在網路上只查資料，我幾乎不曾在電腦裡看完一本書，我喜歡拿著真正的書的那種感覺。」

我點點頭：「全球最大的網路商店之一亞馬遜（amazon.com），在幾年前推出電子書閱讀器（kindle）時就做過研究，他們發現，實體書最大的優點是——它會自動隱形。當你翻開書頁開始閱讀，書的實體不知不覺就消失在眼前，只剩下書上的文字和作者的思維活躍在我們的意識裡；但是網路閱讀卻常常被干擾，你會知道你正在閱讀或搜尋某個東西。換句話說，閱讀一本實體書，很容易一下子花幾個小時，完全沉浸在作者所建構的世界中，書本不見了，一切形體包括自己也不見了，就只剩下抽象的心靈與想像的世界在流動，這是非常美好的經驗。」

AB寶聽得很專心，也沒有發問。

我繼續說：「亞馬遜得出這個研究結果之後，他們所設計出來的閱讀器就很簡單，不酷炫，螢幕也只用灰黑的單色呈現，總之，他們想辦法要讓讀者看電子書也跟看印刷的實體書一樣，一打開就忘了自己正在閱讀某樣東西。這跟網路閱讀是截然不同的思考，人們在網路上習慣快速瀏覽，喜歡東連結西連結，開很多視窗跳來跳去，但是書本的閱讀是要沉浸進去，同時也要有時間理解消化，緩慢地進行思考。基本上，亞馬遜的閱讀器已盡量達到這個要求。那麼，印刷的書還有哪些存在的理由？」

A寶回答：「如果世界上只剩下電子書，那會多無聊啊；那些自古以來人類思想的結晶，能夠具體化為一本本的書，是多麼實在啊！很難想像進圖書館看不到滿滿的書櫃，只剩下一台台的電腦和閱讀器。」

B寶也感慨：「到書店翻閱一本本的書是很大的享受，如果以後買書只能到網路書店，跟一堆公仔或小飾品一樣，擠在電腦頁面上，讓你點選一個個小圖，價值感都沒了！」

我哈哈大笑說：「其實書也是身分識別的重要標記呢！以前我們讀大學時，很喜歡拎著原文書走來走去，即便到了現在，當我們在候機室、候診室等候時，也會慎重地選擇該拿什麼書來看。因為看什麼書，或者手裡拿什麼書，會傳達出我們的品味，也是對自我期待或自己身分的想像吧？我們也習慣從朋友的書架來認識一個人。如果實體書消失了，人人只拿著外觀一模一樣的閱讀器，人世間也會少了很多趣味。」

A寶推測：「我相信就像廣播在電視出現後沒有消失，紙本書也不會滅絕，即使電子書再怎麼方便好用，也無法完全取代。」

對話之後：

我也同A寶一樣的期待，至少我很欣慰自己的成長階段，有長長的歲月是沒有電腦和手機，只有一本本的書，陪我度過許多美好的閱讀時光。

31 新時代裡最美的文化景觀

這篇新聞，可以讓孩子學到：

公共圖書館和特色紛呈的書店，
是一個城市最美的文化景觀。
透過一個具體的空間與場地，
讓民眾參與社會的脈絡，
凝聚市民的感情。
我們要懂得善加利用圖書館，
也要試著扭轉對書籍購買的觀念。

B寶看到剛落成的高雄市立圖書館新總館的照片，非常羨慕：「高雄人好好，有這麼棒的圖書館，台北市、新北市都沒有！」

A寶反駁：「台北的北投圖書館也很棒啊。若能搬家，我真希望住到這個圖書館隔壁。」

B寶一邊看著報導，一邊回答：「北投那棟綠建築圖書館是很有特色啦，但是哪比得上高雄總圖這麼大，還有很多新特色呢！」

我想起AB寶小學時沒有上安親班，下課就到學校隔壁的圖書館做功課、看課外書，等媽媽下班接她們回家，可以說是在圖書館長大的孩子。我自己讀大學時在圖書館當工讀生，同時也在圖書館認識AB寶的媽，甚至自己開診所時，也把診所空間變成社區的圖書館，我對圖書館有著相當的感情呢。

於是我加入她們的討論：「圖書館與文化中心的確是一個城市精神文明的表徵，甚至我覺得自古以來華人庶民以寺廟為生活核心的模式，已隨著時代變遷而瓦解，應該及時用圖書館來取代，透過一個具體的空間與場地，讓民眾可以參與社會的脈絡，凝聚市民的感情。

「高雄總圖的確有許多創舉，而台北市與新北市也正在趕建或籌建新的總圖。比如說，新北市的新總館預計在二〇一五年落成，將會是全世界第一座二十四小時不打烊的公立圖書館。更棒的是，新北市除了這座新總館外，也在其他幾十間分館開辦一項全新的服務，也就是利用圖書館晚間開放時間，培訓志工，提供學童課後陪讀服務，由『陪讀天使』陪伴小學生做功課。」

A寶很興奮：「哇！這不就是我們小時候的翻版嗎？」

B寶也很高興：「爸爸這七、八年來常常在寫文章或演講時呼籲建議的事，真的實現了！」

我也很感慨：「除了屬於各縣市政府的圖書館應該善加利用之外，深入所有社區的中小學圖書館，若能充分發揮功能，甚至開放出來變成社區一般民眾在課後或星期假日也可以使用的空間，那才真的是功德無量呢！我記得幾年前到雲林縣土庫鎮的高職演講時，新到任的校長年紀蠻大的，老早就可以退休享福，可是他卻選擇到沒有資源的偏鄉，他的心願就是要好好充實與活化圖書館，除了讓那些走不掉的孩子可以透過閱讀看見世界，他更期待圖書館可以讓社區其他中小學與居民使用。台灣能夠多一些這麼有使命感的校長就好了！」

A寶突然想到：「B寶剛剛說的高雄總圖新創舉是什麼？」

B寶回答：「除了硬體建築由政府出錢外，屬於軟體的藏書是由民間募款買來的，居然募到五億元呢。」

A寶哇了一聲：「這麼多啊？」

B寶說：「他們用了一招，倘若你捐錢，圖書館就在所買書本的扉頁留下你的名字，很厲害吧！除此之外，他們還與出版社合作建置一個『台灣雲端書庫』的平台，是全台灣第一個真正做到公共借閱概念的電子書平台，裡面有三百多個出版社發行的八千多本電子書。圖書館不需要買斷電子書的版權，只要民眾借閱那一本電子書，政府就按次付費給出版社，有點像在KTV點播歌曲，按使用次數計費一樣。」

獨立書店的生存之道

我說：「我再問你們，圖書館是公共建築，可以呈現一個城市文化景觀的私人建築又是什麼？」

B寶很快回答：「我知道，是書店。從小你就教我們，跟別人約碰面最好的地方就是書店，因為先到的人不會無聊，書店也比較安全。」

A寶也回答：「許多外國觀光客到台灣，都一定會去誠品書店參觀。」

我點點頭：「我出國旅行一定會去參觀兩個地方，一個是菜市場，另一個就是書店，旅行中也從來不買紀念品，除了買書或當地的音樂CD。A寶提到的誠品書店，的確是台灣非常獨特的文化風景。不過這些年從官方到民間都開始呼籲，要讓獨立書店能夠存活下來。什麼是獨立書店？」

A寶回答：「就是沒有分店的書店嘛！」

B寶想了想：「是不是比較有風格、有個人色彩的小書店呢？」

我點點頭：「你們說的都沒錯，不過依據二〇一三年組成的獨立書店文化協會他們的看法，基本上還有兩個特色。首先，書店裡販賣的書籍不會以市場上是否暢銷為選書考量，而是以書店老闆自己的喜好與知識背景，選取認為值得推薦給顧客的書。第二，這個老闆不只是賣書賣咖啡賣商品的商人，而是對社會有想法，能參與公共事務的文化人。」

B寶也有感而發：「如果一個城市只剩下滿街的精品店和餐廳，那是多麼可怕的一件事！」

A寶嗆B寶：「現在不就是如此嗎？不要說獨立書店很難在城市生存，包括大型的連鎖書店也不見得每個縣市都有呢。」

我也感嘆：「這也是為什麼政府要支持的原因。龍應台擔任文化部長時就曾說過，獨立書店應該列為文化創意產業，並給予補助，她也鼓勵年輕人返回偏鄉開設獨立書店，為台灣創造更多的人文風景。」

B寶說：「為什麼回偏鄉？都市裡也很需要獨立書店啊！」

A寶說：「傻瓜，城市的店面租金太貴了，政府的補助根本是杯水車薪。」

我順勢問AB寶：「那麼，有什麼辦法可以讓獨立書店賺錢並存活下來？即使偏鄉房租低，也不能靠政府一點點的補助期待，就這麼永久持續下去啊！」

A寶說：「書店嘛，要賺錢就只有鼓勵大家多去買書了。」

這時換B寶嗆A寶：「傻瓜！這年頭若要買書，大家都是上網訂購，又方便又有折扣，書的種類又多。」

我出來打圓場：「你們說的都沒錯，書店原則上就是要賣書，現在變通的賣咖啡或賣其他特色商品，不該是真正的解決方案。網路書店因為大量進貨，而且經營成本低，可以用較便宜的價格賣，省錢貪便宜本來就是人之常情。那麼該如何破解，找到可行的方案？」

AB寶想了半天，兩手一攤：「無解？」

我笑笑說：「可以參考法國或日本的做法。他們面對的困境跟台灣一樣，所以他們通過一個法律，規定書籍必須統一定價，照價購買，不能有折扣，除非是二手書或新書上市到了一定年份以後，才可以折扣促銷。這樣做，經營成本高的獨立書店，才能跟大型連鎖書店或網路書店競爭，同時也能減少讀者貪小便宜，在實體書店看書卻回家上網訂購的現象。」

B寶恍然大悟：「真是好方法！那麼政府為什麼不趕快立法呢？」

我點點頭：「台灣的公平交易法規定不能壟斷價格，首先要修改這條法律，或加上排除條款，然後在文化創意產業相關法律裡再給予強制規定，基本上應該沒有問題。只要社會大眾肯支持，有這個共識，相信立法委員也會順應民情的。」

對話之後：

看著AB寶半信半疑的神情，我盼望包括立委的社會大眾能夠瞭解，書籍應該不是一般商品，而是有文化傳遞的重要價值。透過豐富多樣的實體書店，讓城市增添氣質，也讓人民有親近書本的機會，這對於一個國家、一個民族的精神文明是非常重要的事呢！

這篇新聞，可以讓孩子學到：

冬天變得愈來愈冷，
是不是代表地球不再暖化？
答案剛好相反。
北極海冰的消失，打亂了
原本北極震盪和其他氣流循環的規律；
減弱了極地渦旋的強度，反而
提高了北極冷氣團入侵南方陸地的機會。
氣候異常與地球暖化，
是地球住民必須持續關注的議題。

過了中秋，AB寶將晾洗過的衣物收到衣櫃，拿出冬天的衣服，一邊閒聊著。A寶說：「美國二〇一三年一波波大風雪，造成好大災難，學校停課，政府停班，機場關閉，有的媒體甚至用『末日雪災』、『明天過後電影重現』來形容呢。」

B寶也回應：「是啊！日本也創下歷史性的雪災，連台灣原本不太下雪的阿里山、太平山都下雪了。我們有的同學也好奇，不是說全球暖化嗎？怎麼天氣反而愈來愈冷？」

A寶想了想，問我：「爸爸，這幾年學校或媒體似乎比較少提到氣候變遷、全球暖化，是大家已經習慣了，還是暖化只是一場虛驚，也是媒體的誇張？」

我擱下手邊報紙，專心回答這個好問題：「我不太確定這幾年有關全球暖化的報導是否比較少了，自從我卸下荒野保護協會理事長與行政院國家永續發展委員會的委員職務後，沒有直接參與相關的會議或宣導，因此也無從比較。不過，自從二〇〇八年金融海嘯造成全球經濟危機之後，各個國家都傾全力解決當前的民生問題，有限的精力與資源已無暇顧及日後的危機，我想這也是可以理解的。

剛好從二〇〇九年開始，在北美洲與歐洲，冬天都遭遇異常寒冷的天氣與暴風雪，連續四、五年了，所以大家比較少提到暖化，也是人之常情。」

A寶繼續問：「冬天這麼冷，跟地球暖化有關嗎？」

B寶附和：「報導上說，是因為『北極震盪』與『極地渦旋』造成了這些不尋常的寒冷。到底什麼是北極震盪、極地渦旋啊？」

我拿出架上的地球儀，邊轉著說：「地球自轉不是繞著南北極長軸做垂直旋轉，而是偏一個角度斜斜地轉，同時地球繞太陽的公轉軌跡也不是正圓形，而是橢圓形，這使得太陽光照到地球的角度不是很平均，也不是很一致，卻又有一定的規律，這便產生了地球上大部分地區有春夏秋冬的四季變化。長期以來，也會有冰河時期與非冰河時期的間歇性變化。不過，氣候的變化雖然有跡可尋，但會造成影響的可變因素太多啦，所以任何預測都有很多的不確定性。」

A寶提醒我：「你還沒有說，什麼是北極震盪和極地渦旋？」

我嘆了口氣：「這實在不太容易說明。你們都知道，地球的大氣與海洋一樣都會流動，而影響流動有兩個因素，一是地球自轉與地心引力拉著它們動，另一個就是太陽光照量不同造成的冷熱溫度差異所形成的流動。空氣與水都會熱脹冷縮，一膨脹密度就低，會變輕，就會上升；冷縮密度大，會變重，就會下降。地表陸地比空氣容易吸熱，另外赤道與熱帶地區也比寒帶地區來得熱，冷熱不同空氣的流動，形成幾個大氣環流，也就是氣象報導常常說的熱帶海洋氣團、副熱帶高壓這些名詞。」

把極地渦旋想像成冰箱

我停了一下，才繼續說：「北極圈內由於日照非常少，所以有非常冷的空氣，形成與地球自轉方向相反的極圈氣團，而且冷空氣會下沉，北極上空就會形成逆轉的低氣壓，也就是與地球自轉方向一致的北極渦旋。換句話說，極圈氣團是離地面比較近的冷空氣，而極地渦旋是高空快速旋轉的冷空氣。新聞報導所說的北極震盪，就是指北極與附近地區，比如北美洲、歐洲，其靠近地面的氣壓強弱的消長，就像翹翹板一樣。有時候北極中心氣壓高，北美洲、歐洲氣壓就低；相反的，若是北極中心氣壓低一點，南邊的氣壓就相對高一點，這就是所謂震盪。」

AB寶還是不太清楚：「然後呢？跟暴風雪有關嗎？」

我笑了笑：「或許可以將極地渦旋想像成是一個冰箱。極地渦旋夠強時，自己轉得很快不會散掉，就像冰箱門關著；若是渦旋不夠強，它就會被地球自轉及其他力量所衝散，冷氣就往外洩出，也就是往北美洲、歐洲擴散，帶來超級冷的氣流。」

A寶想了想：「這跟全球暖化有關嗎？」

我點點頭：「雖然地球的氣候變遷原因非常複雜，但有許多學者研究顯示，由於全球暖化造成北極海冰的消失，打亂了原本北極震盪和其他氣流循環的規律，未來會更常出現嚴寒的冬天。也因為北極海冰的消失，減弱了極地渦旋的強度，反而提高了北極冷氣團入侵南方陸地的機會。」

B寶恍然大悟：「所以爸爸以前常說，全球暖化會造成極端氣候的出現，這就是一個例子？」

我為B寶按個讚：「沒錯，北半球連續幾年暴風雪，南半球澳洲卻連續幾年大乾旱，全世界的氣候愈來愈不可測了。」

這次換成A寶做結論：「面對氣候異常，我們必須持續做好節能減碳，降低全球暖化的速度，保護人類，也是保護地球上的物種。」

對話之後：

美國前副總統高爾曾表示，全球暖化是我們不願面對的真相，呼籲美國人要發揮道德勇氣，致力於節能減碳。對地大物博的美國來說，氣候變遷是道德議題，但對於位居海島、高山陡峭、溪流湍急的台灣而言，極端氣候是攸關生存的議題。讓孩子清楚瞭解地球暖化的影響之外，如何避災與防災，我們也要和孩子一起學習。

33 基因改造食品可以不可以吃？

這篇新聞，可以讓孩子學到：

反對基改的主張中，

環保團體擔心對生態環境

造成不可預測的災難，

關心健康的人擔心對身體有影響，

關心社會公平正義的人不滿

基改公司對農民的剝削。

在一概抹殺基因改造的價值時，

或許也可以看看科技的進展，

是不是改善了過去的某些缺失？

你知道食品中大都含有基改原料嗎？

「為什麼外國對於基改食品這麼反對，台灣卻好像沒特別反應？」A寶上網看著外電報導，在五月廿四日（二〇一四年）由美國猶他州一位家庭主婦發起的基改遊行，居然獲得五十四個國家、四百個城市的響應，共有幾百萬人上街頭遊行。

B寶回答：「台灣也有響應啦，只是媒體並沒有特別報導。」

營養師媽媽也加入討論：「歐盟國家對基因改造食品有相當嚴格的管制，而主要生產地美國，這些年總是想盡辦法要突破封鎖，所以這次由美國人自己發起，是比較有趣的地方。台灣這些年在專業上對基改食品也有許多討論。」

A寶很好奇：「台灣是傾向歐洲？還是被美國脅持？」

媽媽回答：「台灣在法規上要求所有基改原料都必須申請查核登記，產品也必須標示『基因改造』。一般來說，目前最大宗的基改食品是大豆、玉米，一般人在超市應該買不到基改黃豆的穀粒。」

A寶高興地說：「不錯，那我們比較像歐盟。」

媽媽笑笑說：「雖然市面上買不到基改的黃豆、玉米，但是黃豆玉米的製品幾乎全都是基改原料，比如說市面上現成的豆漿、豆花、豆腐、沙拉油、豆干，甚至我們不太感覺到會含有玉米粉的奶粉、糖漿、鬆餅，甚至冰淇淋，幾乎大部分現成的食品中，或多或少都含有這些基改食品。」

正在讀醫學系的B寶比較關注健康問題：「究竟基改食品對人體有沒有危害？」

媽媽回答：「學界多年來一直處於激烈論戰中，反對者認為會引起人類所無法控制或預測的生物基因變異，支持者則認為沒有具體的證據證明會影響到健康。」

我看她們談得熱烈，也插話：「幾乎所有環保團體與公益團體都反對基改食品，主要有三個面向。首先是環境方面，擔心基改植物的花粉汙染了生態，形成無法控制的連鎖反應；第二是健康的疑慮，也就是剛剛你們討論的；第三是那些製造基改種子的大企業掌控了糧食生產權，弱勢的農民變成現代奴隸，任人宰制，這也是這些年已有數十萬印度農人自殺的原因。」

B寶馬上回應：「我知道，《糧食戰爭》這本書就詳細說明了美國這些基改種子公司的邪惡作為，難怪素來重視公平正義與環保的歐洲這麼反對基改種子。」

我嘆了口氣：「話雖如此，但平心而論，在一概抹殺基因改造的價值時，或許也可以站在支持者的角度，看一下他們的努力與不斷進步的科技，是不是改善了過去的某些缺失？」

A寶說：「這也是你常提醒我們的，要練習以對方的角度來看問題。」

基因改造就像雙面刃

我點點頭：「《糧食戰爭》這本書提到那些只想賺錢的大公司的惡劣行為，未來或許可以透過法規或行政管理的方式來處理；但不可否認的，世界人口愈來愈多，氣候變遷所造成的天災頻率愈來愈高，糧食生產的數量也關係到眾多貧窮人口的生存問題。因此，如果能透過基因改造的方法，培育出耐洪性高的稻種或耐鹽米，以因應海平面上升後稻田的鹽化，這些科技的發展恐怕都很重要。但若基改公司只站在利潤的角度來主張所有權，恐怕就真的如《糧食戰爭》作者一再強調的，第一線的農夫及窮人，反而成為買不起自己種的農作物的犧牲者了。」

A寶忽然想到：「基因改造，與人類自古以來不斷在嘗試的配種、育種，有什麼不一樣？」

我稱讚A寶：「不錯，有追根究柢的精神。人類從一萬年前進入農耕或更早以前進入畜牧時代開始，不管對植物或動物，就不斷在做馴化和選種育種的努力。我們所說的育種，是從相同的物種中找出有我們想要特性的不同個體，讓它們交配，產生更符合需求的品種。育種也可以讓不同種類、卻相似的物種彼此雜交，產生全新的物種。至於基因改造，是從某個完全不相干的物種染色體裡找到某段基因，將那段基因移入另一個物種內，賦予它全新的特性。比如在番茄的基因裡植入一段鯊魚的基因。」

B寶哇了一聲：「這太恐怖了！那不是以後我們連吃的東西到底是動物還是植物，都搞不清楚了嗎？」

我點點頭：「所以反對基改的主張中，除了環保團體擔心對生態環境造成不可預測的災難，關心健康的人擔心對身體有影響，關心社會公平正義的人不滿基改公司對農民的剝削之外，還有一批宗教界人士，認為人類不能取代上帝，在實驗室裡創造出原本不存在於這地球的奇怪生物。」

A寶說：「記得某些電影裡，就是在描述人類有心或無意地創造出某些怪物，造成人類的滅絕。」

我點點頭：「不管我們喜歡或不喜歡，基改食品正在不斷發展中，或許就像雙面刃般，到底它會是人類的救星還是災難，每個人都必須去關注它的進展。」

對話之後：

「基改食品」的爭議，非常適合做為社會議題的討論範本，有理想與實際的不同考量，也有科技進步的不可測風險，還牽涉到國際貿易的競爭。問題沒有簡單的答案，更沒有所謂標準答案，也讓我們由此思考，任何選擇將得到的好處或付出的代價。

這篇新聞，可以讓孩子學到：

美國開採頁岩氣以取代石油，
是讓油價下跌的好成果，
還是讓環境惡化的隱形殺手？
該怎麼看油價起伏？
化石燃料真的永不枯竭嗎？
當文明的發展都奠基於此時，
一定要在來得及的時候，
也就是還有足夠的資源與能源的現在，
傾全力努力轉型到低碳節能的永續社會。

頁岩氣是新能源嗎？

「爸爸，你在演講時提到永續發展與節能減碳，總會恐嚇大家化石燃料快要用完了，結果現在又發現新的頁岩氣燃料。所以，你是不是也犯了環保團體總是喊『狼來了』的毛病？」A寶看著雜誌提到美國因為頁岩氣的關係，不但不再需要從中東進口石油，甚至還可出口天然氣，好奇地問我。

B寶也說：「是啊，最近油價一直下跌，爸爸常常提醒大家要準備高油價時代的來臨，結果也與事實不符嘛！」

我一聽她們主動提到這個問題，很高興，就放下手邊的事情，拉張椅子坐到她們旁邊：「你們知道什麼是頁岩氣嗎？」

A寶回答：「應該是像石油、煤炭、天然氣一樣，都是化石燃料。」

我追問：「為什麼叫做化石燃料？一般所謂化石，不就是我們在博物館看到的恐龍化石、三葉蟲化石之類的嗎？石油跟化石有關嗎？」

曾經上網看過我演講的B寶補充：「我知道，化石是指遠古時代生物留下的屍體遺跡，其實不管是石油、煤炭或天然氣，都是來自於古代生物的屍體，比如陸地上的森林或海洋裡的藻類與浮游生物，所以稱為化石燃料。」

我接著說：「美國這幾年大量開採的頁岩氣並不是新發現的，而是以前早就知道地殼裡有蘊藏，只是那時沒有適當的技術，也沒有開採的經濟價值。」

A寶打斷我的話：「為什麼不值得開採？」

我笑笑回答：「我年輕時曾看過一部好萊塢電影『巨人』，描述美國德州某個富豪家族發跡的故事，其中有一幕是他們在德州沙漠挖到了石油，那油就像噴泉一樣湧出來。可是到了現在，世界各國所挖的油井，都必須挖到海底或地底下幾千公尺的岩層裡抽出來。

「換句話說，地球上容易開採的油源都開採光了，以前認為不值得開採，工程成本高，技術困難的蘊藏區，現在都重新想辦法研發技術去開採。比如說，加拿大在北邊廣無人煙的極地區域提煉焦油砂，把黏在沙上、石頭上的一點點石油洗出來。至於美國現在開採的頁岩氣，是鑿井深入地下幾千公尺的頁岩層，將像花崗岩般堅硬的頁岩石打破，收集石頭裡的天然氣。開採過程很耗資源，也非常破壞環境。」

AB寶聽了我的說明，嚇了一大跳。

我繼續補充：「頁岩氣如今能夠開採，當然是因為國際原油價格飆高，所以這種較耗成本的能源也變得值得開採了。第二個原因是兩種技術的研發，一是水平式鑽井，挖一個井到地下後，鑽頭可以向四面八方去蒐集各種油氣；另外是水力壓裂法，用水壓加上特殊的化學藥劑，可以將堅硬的石頭爆破後收集裡面的油氣。這兩種開採方式都非常不環保。

「比如以採集相同數量的天然氣來說，頁岩氣所使用的井田面積，是以前常規開採天然氣的數百倍以上；耗水量更不用提了，而且在高壓水中添加的化學藥劑，含有許多高汙染的重金屬，甚至放射線物質，都會隨著廢水的排放汙染了廣大的地下水系統。更麻煩的是，在地殼裡爆裂岩層，會造成地殼的變動，導致地震規模與頻率大幅增加，比如以前沒有地震的德克薩斯州、奧克拉荷馬州，現在也開始有地震了。」

美國的頁岩氣開採，竟影響到台灣的失業率？

A寶很好奇：「假如壞處這麼多，環保團體怎能允許企業開採頁岩氣呢？」

我嘆口氣：「因為開採處都在沙漠這類人跡罕至的地方，而且不管汙染或地震，都是影響較長期且找不到立即明確的受害對象，再加上政府在國家安全上需要穩定的能源供應，企業也需要便宜的電力供應，龐大利益之下，也顧不得對環境的影響了。」

我停了一下，然後問她們：「美國的頁岩氣開始商業上的供應之後，陸續會對世界有什麼影響？」

AB寶齊聲回答：「油價變便宜。」

我點點頭：「不只如此。當美國的能源價格降低之後，他們的工業生產成本當然也就降低，這些年美國外移到亞洲的工廠，很可能就會移回自己國內生產，所以許多東南亞國家，包括台灣與中國大陸，也許失業率會變高。同時，以前美國從中東進口石油，必須耗費許多精力與成本，以維持或掌控中東地區的政經局勢，如今當他們不再需要倚靠中東產油國時，或許就會將軍事力量從中東撤除，當然也會影響到這個地區的政治生態。」

「哇！依照蝴蝶效應來看，或許會有更大的影響啊！」A寶體會到萬事萬物都休戚相關的道理。

我忽然又想到：「剛剛B寶說油價一直下跌，與我這些年的警告不符；其實表面上你們會覺得油價漲漲跌跌，不過若以大時間範圍來看的話，石油價格在人類文明史中，至今只有三種。」

「怎麼可能！」B寶很訝異。

「自從一百多年前，人類開始將石油用在工商業，直到一九七三年第一次能源危機之前，國際原油價格都維持在每桶二至三美元左右；一九七三年因政治關係，中東禁止輸出石油，瞬間國際原油價格暴漲十多倍，變成二十至三十美元左右，然後就維持到二〇〇〇年之前。我所謂左右，是指上下震盪百分之五十，也就是便宜時或許十多元，貴的話也許四、五十元。等到二〇〇〇年以後，油價在短短幾個月之內，攀升到九十美元，從此就在九十美元左右漲跌，也就是偶爾會跌到五、六十元，有時會漲到一百四十元，但基本上大概就是九十元左右。」

「咦?真的是這樣嗎?」AB寶非常震驚。

我嘆口氣:「沒錯，石油價格就只有三種，二到三元，二十到三十元，然後就是九十到一百元。如今開始利用頁岩氣後，也許可以延長九十到一百元的價格稍微久一點的時間，但無論如何，化石燃料總會用完的，不管是三十年或五十年，甚至七十年。當我們文明的發展都奠基於化石燃料與化學製品時，一定要在來得及的時候，也就是還有足夠的資源與能源的現在，傾全力努力轉型到低碳節能的永續社會。」

看著AB寶若有所思的表情，希望更多像她們一樣的年輕人，也能體會到時代的挑戰與我們該努力的方向。

對話之後：

近來因為中東產油國與美國開採頁岩油的企業惡性競爭，讓油價暴跌，但這絕對是短暫現象，就像車子裡的汽油即便快用完了，還是可以將車速飆得很快。我們反而必須利用這難得的低油價時機，在尚有餘裕時，做好產業轉型，建構低碳節能的永續社會，否則二、三年後油價若反彈到我們負荷不起時，就沒有能力進行新的投資了。

綠蠹魚叢書 YLK80

看新聞學思考　增進孩子對世界的理解力與知識力

作者 —— 李偉文、李欣澄、李欣恬
插畫 —— 江小A
照片提供 —— 李欣澄

出版四部
總編輯暨總監 —— 曾文娟
資深主編 —— 鄭祥琳
企劃 —— 王紀友
封面暨內頁設計 —— 江孟達工作室

發行人／王榮文
出版發行／遠流出版事業股份有限公司
地址／台北市 100 南昌路 2 段 81 號 6 樓
電話／2392-6899　傳真／2392-6658
郵撥／0189456-1
著作權顧問／蕭雄淋律師

2015 年 3 月 1 日　初版一刷
2021 年 3 月 15日　初版六刷
售價新台幣 300 元（缺頁或破損的書，請寄回更換）

ISBN 978-957-32-7590-9

遠流博識網
http://www.ylib.com　E-mail ylib@ylib.com

國家圖書館出版品預行編目（CIP）資料

看新聞學思考：增進孩子對世界的理解力與知識力
李偉文、李欣澄、李欣恬 合著
-- 初版. -- 台北市　遠流，2015.03
面；　公分.--（綠蠹魚叢書；YLK80）
ISBN　978-957-32-7590-9（平裝）
1. 親職教育　2. 傳播教育
528.2　　104001416